职业教育会计专业营改增系列教材

U0954885

会计基础实训

主　编　罗绍明
副主编　蔡秋娜　王碧霞　黄慧群

立信会计出版社
LIXIN ACCOUNTING PUBLISHING HOUSE

图书在版编目(CIP)数据

会计基础实训 / 罗绍明主编. —上海：立信会计出版社，2019.5

职业教育会计专业营改增系列教材

ISBN 978 - 7 - 5429 - 6183 - 9

Ⅰ. ①会… Ⅱ. ①罗… Ⅲ. ①会计学—职业教育—教材 Ⅳ. ①F230

中国版本图书馆 CIP 数据核字(2019)第 114031 号

策划编辑　陈　旻
责任编辑　陈　旻
封面设计　南房间

会计基础实训

出版发行	立信会计出版社		
地　　址	上海市中山西路 2230 号	邮政编码	200235
电　　话	(021)64411389	传　　真	(021)64411325
网　　址	www.lixinaph.com	电子邮箱	lixinaph2019@126.com
网上书店	http://lixin.jd.com		http://lxkjcbs.tmall.com
经　　销	各地新华书店		

印　　刷	上海肖华印务有限公司		
开　　本	787 毫米×1092 毫米	1/16	
印　　张	7.25		
字　　数	159 千字		
版　　次	2019 年 5 月第 1 版		
印　　次	2019 年 5 月第 1 次		
印　　数	1—2100		
书　　号	ISBN 978 - 7 - 5429 - 6183 - 9/F		
定　　价	25.00 元		

前　言

本书是《会计基础》的配套用书，是为了方便教师开展教学，指导学生进行会计基础知识训练而编写的教学参考用书。本书的主要特点如下所述。

1. 内容新颖实用，反映最新营改增财税政策

经国务院批准，自 2019 年 4 月 1 日起，制造业等行业增值税税率从 16%降至 13%，交通运输、建筑、基础电信服务等行业及农产品等货物的增值税税率从 10%降至 9%，以及不动产进项税额采用一次性全额抵扣等。基于此，本书依据最新的营业税改征增值税财税政策以及新修订实施的《企业会计准则》等政策进行编写，力争体现教材的新颖性与实用性。

2. 强调基础训练，体现应用型人才培养特色

本书依据《会计基础》的章节编写其训练习题，强化会计基础知识训练，以培养学生理解与应用会计基础知识的能力，加深学生对会计基础知识的理解与掌握。

3. 结构体系简单清晰，适应学生的学习习惯

本书采用结构化教材编写模式，依据《会计基础》的章节，按章编写，每章练习题设计有四种题型，分别是判断题、选择题、会计核算题和会计实操题等，并配有技能训练题，实现理论习题与实训练习相结合的训练。

本书可作为职业院校会计及会计电算化专业的教学用书，可作为经济管理类专业会计基础课程的教学用书，也可作为会计人员及对会计有兴趣和爱好的读者的学习、参考用书。

本书由汕头市鮀滨职业技术学校罗绍明高级讲师任主编，汕头市外语外贸职业技术学校蔡秋娜、惠州工程职业学院王碧霞、惠州城市职业学院黄慧群任副主编。具体分工为：第 1、第 2 章由蔡秋娜编写，第 3、第 4 章和技能训练由罗绍明编写，第 5、第 6 章和综合训练由王碧霞编写，第 7、第 8 章由黄慧群编写。全书由罗绍明老师统稿。

本书在编写过程中，参阅了大量文献与网站资料，借鉴和吸收了国内外专家学者的最新科研成果，在此对有关资料的编辑和著作者致以诚挚的感谢！

由于编著者水平有限，本书中的缺点与不成熟之处在所难免，恳请读者批评指正并提出意见与建议。谢谢来信！来信请发到邮箱：stluoming@163.com。

编　者

目　录

【单元训练】

第1章　认知会计

一、判断题

1. 会计是以货币为主要计量单位，运用专门的方法，核算、监督一个单位经济活动的一种行政管理工作。（　）
2. 会计的职能是指会计在经济管理过程中所具有的功能。（　）
3. 会计核算职能是指会计以货币为主要计量单位，对特定主体的经济活动进行确认、计量和报告。（　）
4. 会计监督职能是指对特定主体经济活动和相关会计核算的真实性、合法性和合理性进行审查。（　）
5. 企业是一种经济组织，它以经济活动为中心，实行全面的经济核算，追求并致力于不断提高经济效益。（　）
6. 以货币为统一计量标准是会计核算的主要特点。（　）
7. 会计的方法实质上就是指记账、算账和报账的方法。（　）
8. 会计职业道德是指在会计职业活动中应遵循的、体现会计职业特征的、调整会计职业关系的职业行为准则和规范。（　）
9. 坚持准则是指会计人员在处理业务过程中，要严格按照《企业会计准则》办事，不为主观或他人意志左右。
10. 会计职业道德中的参与管理，是指要求会计人员应积极参与会计管理。（　）
11. 企业是以营利为目的，实行独立核算、自主经营、自负盈亏的经济实体，其基本目标是追求社会责任最大化。（　）
12. 法人是指具有一定的组织机构和独立财产，能以自己的名义进行民事活动，享有民事权利和承担民事义务，依照法定程序成立的组织。（　）
13. 总经理是股东(大)会(企业权力机关)的业务执行机关，负责企业生产经营活动的指挥与管理，对企业股东(大)会负责并报告工作。（　）
14. 企业生产过程既是产品的制造过程，又是物化劳动和活劳动的消耗过程，即费用、成本的发生过程。（　）
15. 人力资源是企业生产经营活动的主体，是企业系统中最重要、最活跃的要素，是企业第一资源。（　）

二、单项选择题

1. 下列关于会计产生的表述中，正确的是（　　）。
   A. 会计最早可以追溯到奴隶社会
   B. 在原始社会就产生了独立的会计
   C. 在原始社会有专门从事会计工作的人员
   D. 会计是随着社会生产力的不断发展逐渐从生产职能中分离出来的
2. 会计的基本职能是（　　）。
   A. 管理和考核　B. 预测和决策　C. 核算和监督　D. 分析与评价
3. 在会计核算中，各项财产物资应当按取得时的（　　）计价。
   A. 计划成本　B. 实际成本　C. 采购成本　D. 完全成本
4. 会计对象是企事业单位的（　　）。
   A. 资金运动　B. 经济活动　C. 经济资源　D. 劳动成果
5. 会计是以（　　）为主要计量单位，反映和监督一个单位的经济活动的一种经济管理工作。
   A. 实物　B. 货币　C. 工时　D. 劳动耗费
6. 下列关于会计基本特征的表述中，正确的是（　　）。
   A. 会计是以货币为计量单位，不能使用实物计量和劳动计量
   B. 会计拥有一系列的专门方法，包括会计核算、管理和决策分析等
   C. 会计具有会计核算和监督的基本职能
   D. 会计的本质是核算活动
7. 近代会计产生的标志是（　　）。
   A. 司会的设立　B. 英国工业革命的兴起
   C.《证券法》和《证券交易法》的颁布　D. 复式记账法的产生和《簿记论》的问世
8. 会计是以货币为主要计量单位，运用专门的方法，核算和监督一个单位经济活动的一种（　　）。
   A. 方法　B. 手段　C. 信息工具　D. 经济管理活动
9. 企业是以（　　）为目的，从事生产、流通、服务等经济活动，为社会提供商品、劳务或服务的经济实体。
   A. 独立核算　B. 营利　C. 自主经营　D. 自负盈亏
10. 独资企业是依法设立，由一个自然人投资，财产为投资人个人所有，投资人以其个人财产对企业债务承担（　　）的经营实体。
    A. 无限连带责任　B. 有限连带责任　C. 有限责任　D. 无限责任
11. 从企业的运作流程来看，下列各项中，不属于企业生产经营过程的是（　　）。
    A. 管理过程　B. 供应过程　C. 生产过程　D. 销售过程
12. 企业销售产品，实现其价值的过程，即商品所有权发生转移的过程，称为（　　）。
    A. 物流　B. 资金流　C. 商流　D. 信息流

三、多项选择题

1. 下列各项中,关于会计职能的表述正确的有(　　)。

A. 监督职能是核算职能的保障

B. 核算职能是监督职能的基础

C. 预测经济前景、参与经济决策和评价经营业绩是拓展职能

D. 核算与监督是基本职能

2. 会计使用的计量单位包括(　　)。

A. 劳动计量　　B. 货币计量　　C. 时间计量　　D. 实物计量

3. 下列各项中,属于会计核算的内容有(　　)。

A. 款项和有价证券的收付　　B. 债权债务的发生和结算

C. 资本、基金的增减　　D. 财物的收发、增减和使用

4. 下列各项中,关于会计核算与会计监督的说法正确的有(　　)。

A. 会计核算是会计监督的基础

B. 没有核算所提供的各种信息,会计监督就没有依据

C. 会计监督是会计核算的质量保障

D. 只有核算没有监督,难以保证核算所提供信息的真实性、可靠性

5. 下列各项中,属于我国会计职业道德规范内容的有(　　)

A. 爱岗敬业　　B. 诚实守信　　C. 廉洁自律　　D. 客观公正

6. 企业不同于行政单位和事业单位,其独有的特征包括(　　)。

A. 经济性　　B. 营利性　　C. 商品性　　D. 公益性

7. 目前,我国企业可以采取的组织形式有(　　)。

A. 独资企业　　B. 合伙企业　　C. 合资企业　　D. 公司制企业

8. 法人具有三个重要特征,包括(　　)。

A. 对企业债务承担无限连带责任　　B. 享有民事活动的权利

C. 拥有法人财产经营权　　D. 承担民事义务

第2章　认知和填制原始凭证

一、判断题

1. 凡阿拉伯数字前写有币种符号的，数字后面应再写货币单位。（　）
2. 在签发支票时，￥4 200.50 的大写金额应写成“肆仟贰佰元伍角整”。（　）
3. 企业每项交易或事项的发生都必须从外部取得原始凭证。（　）
4. 原始凭证对于交易或事项的发生和完成具有证明效力，但是未来交易或事项的文件不可以作为记账的依据。（　）
5. 真实的原始凭证都可以作为收付款和记账的依据。（　）
6. 汇总凭证应在每次经济业务完成后，由相关人员在同一张凭证上重复填制完成。（　）
7. 增值税发票属于外来、通用、一次原始凭证。（　）
8. 企业购进材料验收入库时，由仓库保管人员填制的收料单是自制的一次凭证。（　）
9. 业务员在开具发票时不小心将发票金额多写了一个零，发现后便将写错的发票撕毁重新开具了一张准确无误的发票。（　）
10. 会计王家明收到本单位职工填制的差旅费报销单及相关发票，王家明注意到其中一张发票没有填制单位名称，但仍然将其作为原始凭证并登记入账。（　）
11. 企业接到一批订单，在完成这批订单的过程中，经济合同、收料单、成本计算单、出库单等都属于原始凭证。（　）
12. 审核原始凭证记载的各项内容是否正确包括审核接受原始凭证单位的名称是否正确、金额的填写和计算是否正确、更正是否正确。（　）

二、单项选择题

1. 在收据上书写金额正确的是（　）。

   A. ￥　　505.00　　B. ￥9 617.00

   C. 人民币叁拾壹元捌角贰分整　　D. ￥31.7—

2. 下列各项中，符合原始凭证金额填写规定的是（　）。

   A. 用繁体字书写中文大写金额数字

   B. 中文大写金额数字的“角”之后可以不写“整”（或“正”）字

   C. 阿拉伯小写金额数字前面应填写人民币符号

   D. 用阿拉伯数字填写票据出票日期

3. 下列各项中，不属于原始凭证基本内容的是（　）。

A. 凭证的名称　　B. 填制凭证的日期
C. 接受凭证单位名称　　D. 接受凭证单位统一社会信用代码

4. 下列单据中，不能作为原始凭证的是（　　）。
A. 发货单　　B. 领料单
C. 银行存款余额调节表　　D. 工资结算汇总表

5. 下列单据中，属于原始凭证的是（　　）。
A. 折旧计算表　　B. 销售合同　　C. 生产计划　　D. 委托加工协议

6. 下列原始凭证中，属于累计凭证的是（　　）。
A. 领料单　　B. 发票　　C. 收料单　　D. 限额领料单

7. 取得银行结算单据一份，下列各项中，说法正确的是（　　）。
A. 银行结算单据属于外来原始凭证　　B. 银行结算单据属于专用凭证
C. 银行结算单据属于累计凭证　　D. 银行结算单据属于汇总凭证

8. 下列各项中，不符合原始凭证基本要求的是（　　）。
A. 从个人处取得的原始凭证，必须有填制人员的签名盖章
B. 原始凭证不得涂改、刮擦、挖补
C. 上级批准的经济合同，应作为原始凭证
D. 大写和小写金额必须相等

9. 企业接受的原始凭证金额有错误，应采用的处理方法是（　　）。
A. 由出具单位重开　　B. 向单位负责人报告
C. 本单位代替出具单位进行更正　　D. 由出具单位重开或更正

10. 会计机构、会计人员对记载不准确、不完整的原始凭证（　　）。
A. 不予受理　　B. 可以受理
C. 予以退回，要求更正、补充　　D. 报告单位负责人

11. 下列各项中，属于审核原始凭证真实性的是（　　）。
A. 凭证日期是否真实、业务内容是否真实
B. 审核原始凭证所记录经济业务是否符合国家法律
C. 审核原始凭证各项基本要素是否齐全
D. 审核原始凭证各项金额计算及填写是否正确

12. 下列各项中，不属于原始凭证审核内容的是（　　）。
A. 合法性　　B. 完整性　　C. 公允性　　D. 真实性

三、多项选择题

1. 在原始凭证上书写阿拉伯数字，下列做法中，错误的有（　　）。
A. 金额数字前书写货币币种符号
B. 币种符号与金额数字之间要留有空白
C. 所有以元为单位的，一律填写到角分
D. 数字前写有币种符号的，数字后不再写货币单位

2. 下列各项中，关于原始凭证填制的基本要求的说法，正确的有（　　）。

A. 大小写金额必须符合填写规范，小写金额用阿拉伯数字逐个书写，不得写连笔字

B. 金额数字一律填写到角、分

C. 不得涂改、刮擦、挖补

D. 原始凭证金额有错误的，应当由出具单位重开或者更正，更改处应当加盖出具单位印章

3. 在原始凭证上书写阿拉伯数字时，正确的有(　　)。

A. 所有以元为单位的，一律填写到角分

B. 无角无分的，角位和分位可写“00”或符号“—”

C. 有角无分的，分位应当写“0”

D. 有角无分的，分位也可以用符号“—”代替

4. 下列各项中，属于外来原始凭证的有(　　)。

A. 销售发票　　B. 购货发票

C. 出差取得的飞机票　　D. 银行收付款通知单

5. 下列各项中，不能作为会计核算的原始凭证有(　　)。

A. 合同书　　B. 领料单　　C. 生产通知单　　D. 入库单

6. 下列各项中，关于汇总凭证表述正确的有(　　)。

A. 汇总凭证是指在会计的实际工作中，为了简化记账凭证的填制工作，将一定时期记录同类经济业务的原始凭证汇总编制的一张原始凭证

B. 发料凭证汇总表属于汇总凭证

C. 限额领料单属于汇总凭证

D. 汇总凭证可以将两类或两类以上的经济业务汇总在一起，填列在一张汇总原始凭证上

7. 原始凭证按其填制手续及内容的不同，可以分为(　　)。

A. 转账凭证　　B. 一次凭证　　C. 累计凭证　　D. 汇总凭证

8. 下列各项中，属于自制原始凭证的有(　　)。

A. 工资结算单　　B. 限额领料单

C. 发料凭证汇总表　　D. 销售货物时开出的增值税专用发票

9. 下列关于汇总凭证与累计凭证的说法中，正确的有(　　)。

A. 通常都是自制原始凭证　　B. 累计凭证可以随时计算发生额累计数

C. 汇总凭证可以简化手续　　D. 工资汇总表是累计凭证

10. 从外单位取得的原始凭证遗失时，应(　　)后代作原始凭证。

A. 取得原签发单位盖有公章的证明

B. 注明原始凭证的号码、金额、内容等

C. 由经办单位会计机构负责人、会计主管人员和单位负责人批准

D. 由本单位会计人员自行补办

11. 原始凭证发生错误，正确的更正方法有(　　)。

A. 除金额外的其他错误，由出具单位重开或者更正

B. 由本单位的负责人代为更正

C. 金额发生错误，可由出具单位在原始凭证上更正

D. 金额发生错误，应当由出具单位重开

12. 会计机构、会计人员对不真实、不合法的原始凭证有权(　　)。

A. 不予接受　　B. 向单位负责人报告

C. 请求查明原因，追究有关当事人的责任　　D. 予以退回，要求更正、补充

四、技能训练题

1. 填制入库单和支票

1) 业务背景

2019 年 10 月 8 日，广东佳信贸易有限公司(以下简称佳信公司)向广东倍家科技有限公司购入电热壶 5 000 台，收到增值税专用发票(见表 2-1)，电热壶验收合格入库，货款以银行存款支付。

表 2-1　　**广东增值税专用发票**　　№ 031131001

(广东 国家税务总局监制)

4601041141　　开票日期：2019 年 10 月 08 日

购货单位	名　　称：广东佳信贸易有限公司 纳税人识别号：440703256268224 地址、电话：惠州市仲恺大道 168 号 88328688 开户行及账号：惠州市建行仲恺支行 71682674152				密码区	(略)	
货物或应税劳务、服务名称	规格型号	单位	数量	单价	金　额	税率	税　额
电热壶		台	5 000	62.00	310 000.00	13%	40 300.00
合　计					¥310 000.00		¥40 300.00
价税合计(大写)	⊗叁拾伍万零叁佰圆整					(小写)¥350 300.00	
销货单位	名　　称：广东倍家科技有限公司 纳税人识别号：440703256268024 地址、电话：惠州市仲恺大道 248 号 88327589 开户行及账号：惠州市建行仲恺支行 71682674052				备注	(章：广东倍家科技有限公司 440703256268024 发票专用章)	

第三联：发票联　购买方记账凭证

收款人：谢惠新　　复核：杨晓梅　　开票人：王耀林　　销货单位：(章)

2) 训练要求

(1) 电热壶已验收入库，填写入库单，如表 2-2 所示。

表 2-2　　**产品入库单**

年　月　日　　收字第　号

产品名称	规格型号	单位	应收数量	实收数量	金额(元)

仓库主管：　　复核：　　验收：　　制单：

（2）签发转账支票，支付货款，如图 2-1 所示。

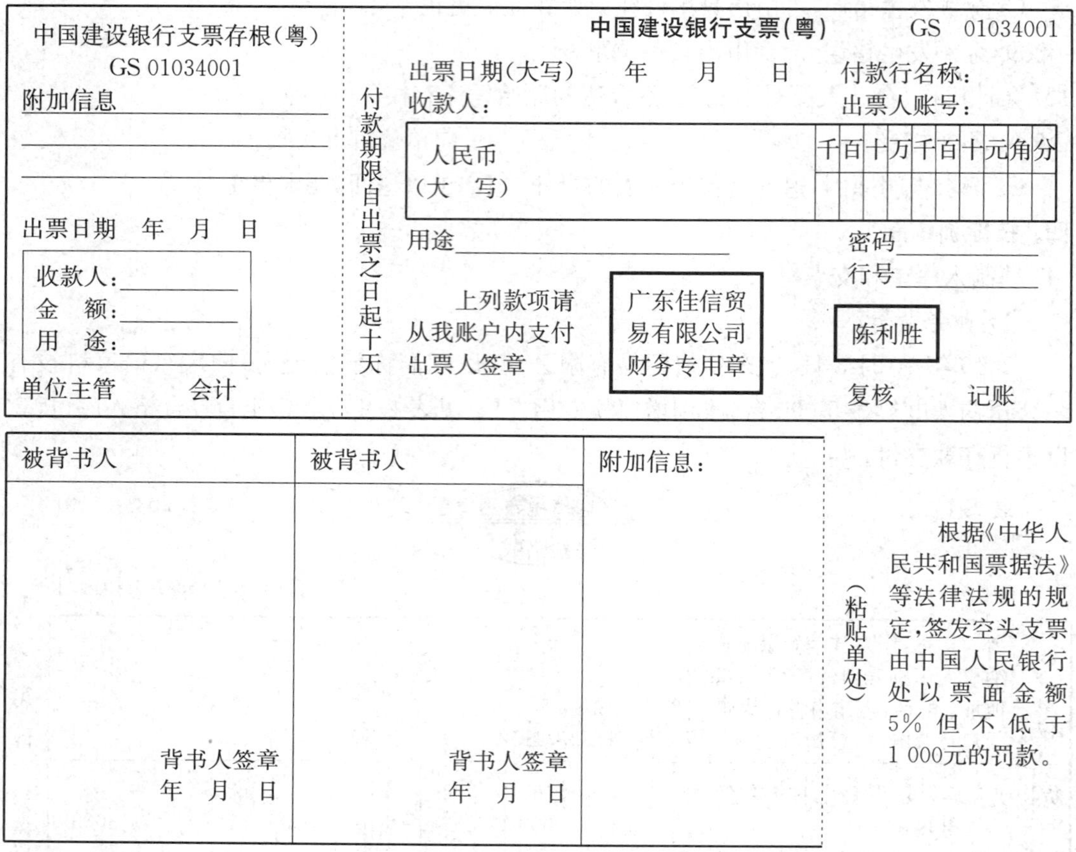
中国建设银行支票存根（粤）
GS 01034001
附加信息
出票日期　年　月　日
收款人：
金　额：
用　途：
单位主管　会计

中国建设银行支票（粤）　GS 01034001
付款期限自出票之日起十天
出票日期（大写）　年　月　日　付款行名称：
收款人：　出票人账号：
人民币（大写）　千 百 十 万 千 百 十 元 角 分
用途
密码
行号
上列款项请从我账户内支付
出票人签章
广东佳信贸易有限公司财务专用章
陈利胜
复核　记账

被背书人　被背书人　附加信息：
背书人签章 年 月 日　背书人签章 年 月 日
（粘贴单处）
根据《中华人民共和国票据法》等法律法规的规定，签发空头支票由中国人民银行处以票面金额5%但不低于1 000元的罚款。

图 2-1　支票

2. 填制增值税专用发票和进账单

1）业务背景

2019 年 10 月 10 日，广东佳信贸易有限公司向广东百福电器有限公司销售电热壶 2 000 台，单位成本 65 元，单价 100 元，增值税税率为 13%，开出增值税专用发票一张。增值税专用发票开票资料，如表 2-3 所示。

表 2-3　增值税专用发票开票资料

	购货单位	销货单位
名称	广东百福电器有限公司	广东佳信贸易有限公司
纳税人识别码	440702443268027	440703256268224
地址、电话	惠州市仲恺大道 148 号 88682587	惠州市仲恺大道 168 号 88328688
开户行及账号	惠州市建行仲恺支行 71676243355	惠州市建行仲恺支行 71682674152

2）训练要求

（1）依据背景资料，填制增值税专用发票，如表 2-4 所示。

表 2-4　　广东增值税专用发票　　No 031161201

此联不作报销、扣税凭证使用

4601041144　　开票日期：　年　月　日

购货单位	名　称： 纳税人识别号： 地址、电话： 开户行及账号：			密码区	（略）		
货物或应税劳务、服务名称 合　计	规格型号	单位	数量	单价	金　额	税率	税　额
价税合计（大写）	⊗				（小写）		
销货单位	名　称： 纳税人识别号 地址、电话： 开户行及账号：			备注			

第一联：记账联　销售方记账凭证

收款人：杨明慧　　复核：李帆　　开票人：刘树林　　销货单位：（章）

（2）产品已出库，填写出库单，如表 2-5 所示。

表 2-5　　产品出库单

年　月　日　　第　号

产品名称	规格	型号	单位	数量	单位成本	金额（元）

仓库主管：　　复核：　　发货：　　制单：

（3）当日收到转账支票（支票略），填写银行进账单，如表 2-6 所示。

表 2-6　　中国建设银行进账单　（回　单）　1

年　月　日

出票人	全　称		收款人	全　称	
	账　号			账　号	
	开户银行			开户银行	
金额	人民币（大写）			亿千百十万千百十元角分	
票据种类		票据张数			
票据号码	略				
复核	记账			开户银行盖章	

此联是开户银行交给持（出）票人的回单

第3章　理解会计记账原理

一、判断题

1. 基本会计等式所体现的平衡关系原理，是设置账户、复式记账和编制会计报表的理论依据。（　　）
2. 一般而言，法律主体必然是一个会计主体，但会计主体不一定是法律主体。（　　）
3. 从数量上看，资产和权益始终保持平衡关系，任何经济业务的发生均不会改变资产和权益的金额。（　　）
4. 明确界定会计主体是开展会计确认、计量和报告的重要前提。（　　）
5. 收入包括主营业务收入、其他业务收入和营业外收入。（　　）
6. 在借贷记账法下，会计账户的借方登记增加数，贷方登记减少数。（　　）
7. 一般来说，各类账户的期初余额与记账增加额的一方都在同一方向。（　　）
8. 所有的总账账户都必须设置明细账户，进行明细分类核算。（　　）
9. 通过试算平衡检查账簿记录，若借贷平衡就可以肯定记账准确无误。（　　）
10. 会计科目不能记录经济业务的增减变化及结果。（　　）

二、单项选择题

1. 下列项目中，属于资产的是（　　）。
   A. 预收账款　B. 资本公积　C. 库存商品　D. 财务费用
2. 下列项目中，属于负债的是（　　）。
   A. 预付账款　B. 预收账款　C. 应收票据　D. 管理费用
3. 下列项目中，属于所有者权益的是（　　）。
   A. 固定资产　B. 应付职工薪酬　C. 短期借款　D. 盈余公积
4. 引起资产和负债同时增加的经济业务是（　　）。
   A. 用银行存款购买材料　B. 从银行取得借款存入银行
   C. 以无形资产对外投资　D. 以银行存款偿还应付账款
5. 引起负债有增有减的经济业务是（　　）。
   A. 以银行存款偿还银行借款　B. 开出商业汇票抵付应付账款
   C. 以银行存款支付工资　D. 收到投资者投入的设备
6. 以银行存款向国家交纳税费，所引起的变动为（　　）。
   A. 一项资产减少，一项所有者权益减少　B. 一项资产减少，一项负债减少
   C. 一项所有者权益增加，一项负债减少　D. 一项资产增加，一项资产减少
7. 某企业资产总额为600万元，如果发生下列经济业务：

(1) 收到外单位投资 40 万元，存入银行；
(2) 以银行存款支付购入材料款 12 万元；
(3) 以银行存款偿还短期借款 10 万元。
上述经济业务发生后，该企业的资产总额应为(　　)万元。
A. 636　　B. 628　　C. 648　　D. 630

8. 某企业本期期初资产总额为 3 600 000 元，本期期末负债总额减少了 400 000 元，所有者权益比期初增加了 600 000 元，则该企业本期期末资产总额为(　　)元。
A. 3 400 000　　B. 3 800000　　C. 4 200 000　　D. 3 200 000

9. 复式记账、账户试算平衡和资产负债表编制的理论依据是(　　)。
A. 资产＝负债＋所有者权益＋(收入－费用)
B. 资产＝负债＋所有者权益＋利润
C. 资产＝负债＋所有者权益
D. 收入－费用＝利润

10. 下列各项中，不属于会计核算方法的是(　　)。
A. 复式记账　　B. 成本分析　　C. 登记账簿　　D. 财产清查

11. 会计科目是(　　)。
A. 会计要素的名称　　B. 报表的名称　　C. 账户的名称　　D. 账簿的名称

12. 按照复式记账原理，对于每一项经济业务都要在(　　)中相互联系地登记。
A. 一个资产账户，一个负债账户　　B. 两个或两个以上的账户
C. 一个总账账户及所属的明细账户　　D. 一个账户的借方，另一个账户的贷方

13. 借贷记账法的贷方表示(　　)。
A. 资产增加，负债及所有者权益减少　　B. 资产减少，负债及所有者权益增加
C. 资产增加，负债及所有者权益增加　　D. 资产减少，负债及所有者权益减少

14. 借贷记账法试算平衡的方法是(　　)。
A. 总账及所属明细账的余额平衡　　B. 差额平衡
C. 所有资产类和负债类的余额平衡　　D. 发生额平衡、余额平衡

15. “应收账款”账户期初借方余额为 7 000 元，本期借方发生额为 3 000 元，本期贷方发生额为 12 000 元，该账户期末余额应为(　　)。
A. 借方余额 8 000 元　　B. 贷方余额 9 000 元
C. 借方余额 2 000 元　　D. 贷方余额 2 000 元

16. 下列各项中，属于简单会计分录的是(　　)。
A. 一借多贷　　B. 一借一贷　　C. 一贷多借　　D. 多借多贷

17. 期末一般有借方余额的账户是(　　)。
A. “应付账款”　　B. “实收资本”　　C. “应收账款”　　D. “预收账款”

18. 所有者权益在数量上等于(　　)。
A. 所有者投入的资本　　B. 实收资本与资本公积之和
C. 全部资产减去全部负债后的净额　　D. 实收资本与未分配利润之和

19. 下列关于会计要素的表述中，不正确的是(　　)。

A. 会计要素用于反映企业财务成果与经营状况

B. 会计要素包括资产、负债、所有者权益、收入、费用和利润

C. 资产、负债和所有者权益为动态会计要素

D. 利润要素的确认主要依赖于收入和费用以及利得和损失金额的确认

20. 负债是指过去的交易或事项形成的(　　)，履行该义务预期会导致经济利益流出企业。

A. 潜在义务　　B. 法定义务　　C. 推定义务　　D. 现时义务

三、多项选择题

1. 下列各项中，属于会计要素的有(　　)。

A. 负债　　B. 所有者权益　　C. 财务状况　　D. 利润

2. 下列各项中，属于企业无形资产的有(　　)。

A. 非专利技术　　B. 专利权　　C. 商标权　　D. 企业开办费

3. 下列各项中，属于反映企业经营成果的会计要素有(　　)。

A. 收入　　B. 费用　　C. 利润　　D. 所有者权益

4. 正确的经济业务类型有(　　)。

A. 一项资产增加，一项所有者权益减少　　B. 资产与负债同时增加

C. 一项负债减少，一项所有者权益增加　　D. 负债与所有者权益同时增加

5. (　　)的经济业务发生后，不会使资产或权益总额发生变化。

A. 以银行存款 5 000 元，偿还前欠购料款　　B. 从银行取得借款 20 000 元，存入银行

C. 以银行存款 3 000 元，购买材料　　D. 从银行提取现金 800 元

6. 会计的方法有(　　)。

A. 复式记账法　　B. 会计分析方法　　C. 会计核算方法　　D. 会计检查方法

7. 会计平衡公式具体可以用(　　)的公式表示。

A. 资产＝权益

B. 资产＝负债＋所有者权益

C. 资金占用＝资金来源

D. 资产＝负债＋所有者权益＋(收入－费用)

8. 会计分录的要素包括(　　)。

A. 记账方法　　B. 记账方向　　C. 账户名称　　D. 应记金额

9. 下列关于总分类账户的说法中，正确的有(　　)。

A. 按一级会计科目开设的账户　　B. 提供某一会计要素的总括核算资料

C. 只用货币单位进行计量　　D. 对所属的各明细分类账户起统驭作用

10. 期末一般有贷方余额的账户有(　　)。

A. “预收账款”　　B. “长期借款”　　C. “管理费用”　　D. “应交税费”

11. 下列各项中，属于“收入”要素特征的有(　　)。

A. 收入是企业在日常活动中形成的

B. 收入是与所有者投入资本无关的经济利益的总流入
C. 收入会导致所有者权益的增加
D. 经济利益的流入能够可靠计量

12. 企业的费用具体表现为一定期间(　　)。
A. 现金的流出　　B. 企业其他资产的减少
C. 企业负债的增加　　D. 银行存款的流出

13. 会计账户的各项金额的对应关系可以用(　　)表示。
A. 本期期末余额＝本期期初余额＋本期增加额－本期减少额
B. 本期期末余额－本期期初余额＝本期增加额－本期减少额
C. 本期期末余额－本期期初余额＝本期增加额＋本期减少额
D. 本期期末余额＋本期减少额＝本期期初余额＋本期增加额

14. 下列各项中，属于账户基本结构的内容有(　　)。
A. 账户的名称　　B. 日期和摘要
C. 凭证号数　　D. 借方和贷方的金额及余额

15. 下列关于借贷记账法表述中，正确的有(　　)。
A. 采用“借”“贷”作为记账符号
B. 以“资产＝负债＋所有者权益”作为理论依据
C. 记账规则是“有借必有贷，借贷必相等”
D. 是我国企业会计核算的法定记账方法

四、技能训练题

1. 填写会计要素增减变化情况表

1）业务资料

某公司 6 月份发生如下经济业务：

(1) 用银行存款交纳税费 3 000 元。
(2) 收到客户预付的购货款 6 000 元。
(3) 向银行借入短期借款 100 000 元存入银行。
(4) 收到投资者投入的一项专利技术，作价 20 000 元。
(5) 收到客户偿还的前欠货款 40 000 元，存入银行。
(6) 购买机器设备一台，价值 80 000 元，款项尚未支付。
(7) 以银行存款支付前欠材料供应单位的货款 60 000 元。
(8) 以银行存款购买原材料一批，价值 200 000 元。
(9) 从银行提取现金 10 000 元。
(10) 计提盈余公积 20 000 元。

2）训练要求

判断上述业务属于哪个会计要素，将该要素的增减变化情况填入表 3-1 相应的栏目内。

表 3-1　　会计要素增减变化情况表　　单位:元

序号	资　产		负　债		所有者权益	
1(举例)	银行存款减少	3 000	应交税费减少	3 000		
2						
3						
4						
5						
6						
7						
8						
9						
10						

2. 补充完成账户发生额及余额表

某企业有关账户的发生额及余额资料如表 3-2 所示，要求：

(1) 将表 3-2 内的括号数据补充完整。

(2) 在“借或贷”栏内注明余额的借贷方向。

表 3-2　　有关账户发生额及余额表　　单位:元

账户名称	期初余额	本期增加额	本期减少额	借或贷	期末余额
库存现金	(　　)	8 800	9 200		400
银行存款	450 000	320 000	560 000		(　　)
其他应收款	32 000	(　　)	20 000		18 000
库存商品	760 000	(　　)	420 000		540 000
应付账款	60 000	(　　)	30 000		70 000
应交税费	100 000	240 000	(　　)		80 000
实收资本	12 000 000	3 000 000	(　　)		15 000 000
盈余公积	500 000	200 000	(　　)		400 000

3. 编制会计分录、T 字账和试算平衡表

1) 业务资料

某企业 2019 年 7 月各总分类账户的期初余额，如表 3-3 所示。

表 3-3　　账户余额表

2019 年 7 月 1 日

资产	余额(元)	负债及所有者权益	余额(元)
库存现金	4 000	短期借款	200 000
银行存款	516 400	应付票据	185 000
其他应收款	1 000	应付账款	115 000
原材料	450 000	实收资本	2 700 000
库存商品	368 600		
生产成本	80 000		
固定资产	1 780 000		
合　计	3 200 000	合计	3 200 000

2019 年 7 月份发生如下经济业务：

(1) 向银行申请 3 个月期限的临时周转借款，金额为 100 000 元，款项已存入企业银行存款账户。

(2) 出纳员向银行提取现金 8 000 元备用。

(3) 采购员李明预借差旅费 2 000 元，付给现金。

(4) 购入材料一批，金额 160 000 元，材料已验收入库，货款用银行存款付讫。

(5) 向金园五金经营部购入五金材料一批，金额 40 000 元，材料验收入库，货款尚未支付。

(6) 生产车间为生产产品领用材料一批，金额 90 000 元。

(7) 接受中科公司 600 000 元的投资，款已送存开户银行。

(8) 以银行存款偿还前欠鸿达公司材料款 70 000 元。

(9) 购入办公用品，金额 200 元，以现金付讫，交行政办公室使用。

(10) 采购员李明持结算凭证向财务科报销，批准报销差旅费 1 800 元，交回现金余款 200 元。

2) 训练要求

(1) 编制本月经济业务的会计分录，如表 3-4 所示。

表 3-4　　会计分录表

题号	会计分录
1	
2	
3	
4	

（续表）

题号	会计分录
5	
6	
7	
8	
9	
10	

（2）编制各账户的 T 字账，如图 3-1 所示。

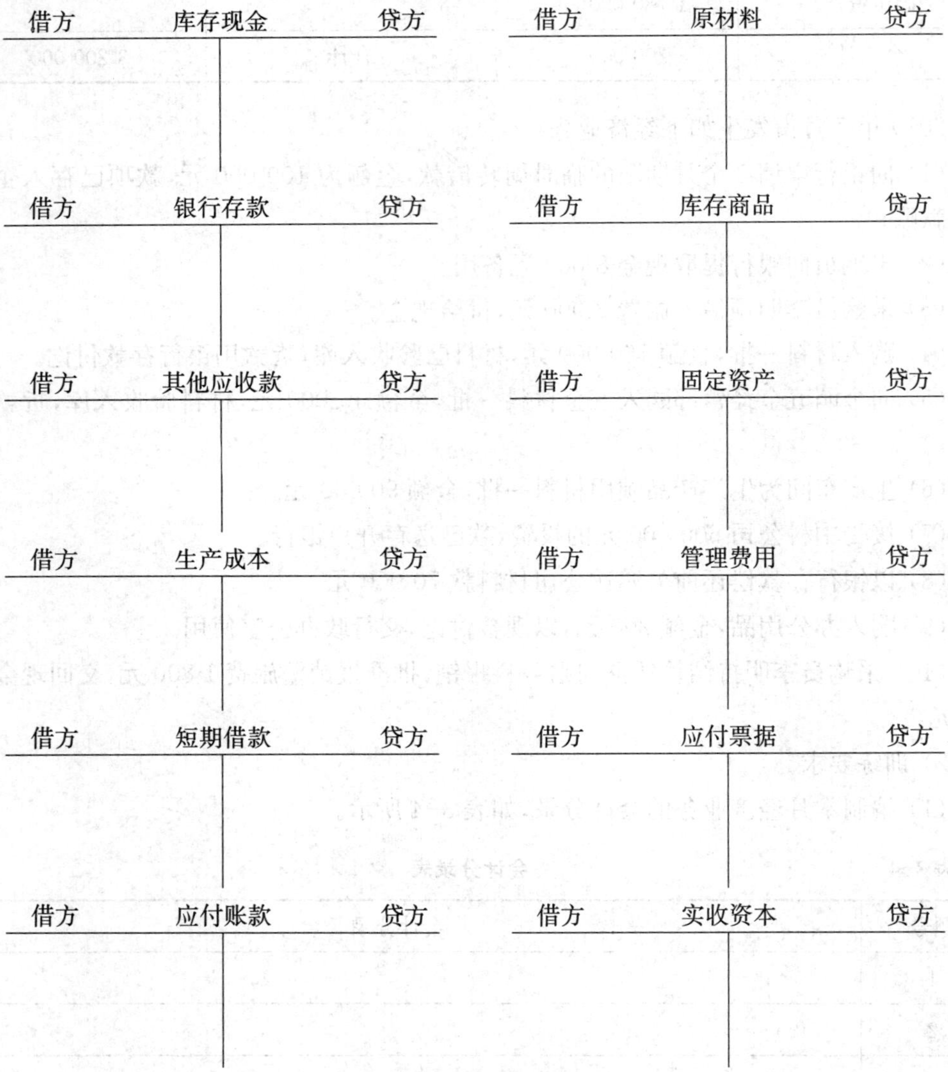

图 3-1 各账户的 T 字账

4. 编制试算平衡表

编制试算平衡表,如表 3-5 所示。

表 3-5　　**试算平衡表**

年　月　日　　单位:元

账户名称（会计科目）	期初余额		本期发生额		期末余额	
	借方	贷方	借方	贷方	借方	贷方
合计						

5. 平行登记总分类账和明细分类账

1）期初余额资料

华美工厂 2019 年 6 月有关账户的期初余额如下。

(1) 原材料账户期初借方余额 179 000 元,其明细分类账,如表 3-6 所示。

表 3-6　　**原材料明细分类账**

原材料名称	计量单位	数量	单价(元)	金额(元)
甲材料	千克	10 000	5.60	56 000
乙材料	吨	20	2 400.00	48 000
丙材料	件	2 500	30.00	75 000
合计				179 000

（2）应付账款账户期初贷方余额 90 000 元，其明细分类账如表 3-7 所示。

表 3-7　　应付账款明细分类账

供货单位名称	金额（元）
华星工厂	40 000
祥瑞工厂	30 000
迅达工厂	20 000
合计	90 000

2）本月业务资料

该厂 6 月份发生如下经济业务。

（1）3 日，以银行存款偿还前欠华星工厂货款 40 000，前欠祥瑞工厂货款 30 000 元。

（2）5 日，向华星工厂购入甲材料 30 000 千克，每千克 5.60 元，计 168 000 元，购入乙材料 30 吨，每吨为 2 400 元，计 72 000 元，材料验收入库，货款以银行存款付讫。

（3）12 日，以银行存款归还前欠迅达工厂货款 20 000 元。

（4）20 日，向华星工厂购入甲材料 20 000 千克，每千克 5.60 元，计 112 000 元，材料已验收入库，货款尚未支付。

（5）26 日，向迅达工厂购入丙材料 7 500 件，每件 30 元，计 225 000 元，材料已验收入库，货款尚未支付。

（6）30 日，材料仓库汇总本月发出投入产品生产的各种材料，如表 3-8 所示。

表 3-8　　发出材料汇总表

原材料名称	发出材料数量	单价（元）	金额（元）
甲材料	40 000（千克）	5.60	224 000
乙材料	40（吨）	2 400.00	96 000
丙材料	8 000（件）	30.00	240 000
合计	—	—	560 000

3）训练要求

（1）编制本月经济业务的会计分录，如表 3-9 所示。

表 3-9　　会计分录表

题号	会计分录
1	
2	
3	
4	
5	
6	

(2) 登记总分类账和明细分类账,并计算出各账户的本期发生额和期末余额,如表 3-10 至表 3-17 所示。

表 3-10　　　　　　　　　　　　　　**总分类账**

会计科目:原材料

2019 年		凭证号数	摘要	借方	贷方	借或贷	余额
月	日						
6	1		上月结转				

表 3-11　　　　　　　　　　　　**原材料明细分类账**

原材料名称:甲材料

2019 年		凭证号数	摘要	计量单位	收入			发出			结存		
月	日				数量	单价	金额	数量	单价	金额	数量	单价	金额
6	1		上月结转										

表 3-12　　　　　　　　**原材料明细分类账**

原材料名称:乙材料

2019 年		凭证号数	摘要	计量单位	收入			发出			结存		
月	日				数量	单价	金额	数量	单价	金额	数量	单价	金额
6	1		上月结转										

表 3-13　　　　　　　　**原材料明细分类账**

原材料名称:丙材料

2019 年		凭证号数	摘要	计量单位	收入			发出			结存		
月	日				数量	单价	金额	数量	单价	金额	数量	单价	金额
6	1		上月结转										

表 3-14　　**总分类账**

会计科目:应付账款

2019 年		凭证号数	摘要	借方	贷方	借或贷	余额
月	日						
6	1		上月结转				

表 3-15　　**应付账款明细分类账**

账户名称:华星工厂

2019 年		凭证号数	摘要	借方	贷方	借或贷	余额
月	日						
6	1		上月结转				

表 3-16 **应付账款明细分类账**

账户名称：祥瑞工厂

2019 年		凭证号数	摘要	借方	贷方	借或贷	余额
月	日						
6	1		上月结转				

表 3-17 **应付账款明细分类账**

账户名称：迅达工厂

2019 年		凭证号数	摘要	借方	贷方	借或贷	余额
月	日						
6	1		上月结转				

第4章　认知和填制记账凭证

一、判断题

1. 企业将库存现金存入银行，一方面引起库存现金减少，另一方面又引起银行存款增加，因此应填制现金付款凭证和银行存款收款凭证。（　）
2. 记账凭证的“过账”（或“账页”）栏内打“√”表示已审核完毕。（　）
3. 填制记账凭证时，若发生错误，应当重新填制。（　）
4. 记账凭证可以根据若干张同类原始凭证汇总填制。（　）
5. 记账凭证的填制与审核不能是同一会计人员。（　）
6. 记账凭证是会计核算的起点，是登记会计账簿的依据。（　）
7. 原始凭证一般由会计人员填制或取得。（　）
8. 记账凭证日期一般填写填制记账凭证当天的日期，根据需要也可填写经济业务发生时的日期或月末日期。（　）
9. 凡是引起现金或银行存款增加的，如销售产品收到银行存款，应选用转账凭证。（　）
10. 在审核记账凭证的过程中，发现已入账的记账凭证有错误，应按照规定的更正错误的方法予以更正。（　）

二、单项选择题

1. 填制会计凭证是（　）的前提和依据。
   A. 成本计算　B. 编制会计报表　C. 登记账簿　D. 设置账户
2. 记账凭证和原始凭证的金额（　）。
   A. 必须相等　B. 可能相等　C. 可能不相等　D. 一定不相等
3. 对于库存现金和银行存款之间的相互划转业务，为了避免重复记账，一般只填制（　）。
   A. 收款凭证　B. 付款凭证　C. 转账凭证　D. 结算凭证
4. 生产车间领用原材料，应根据领料单填制（　）。
   A. 收款凭证　B. 付款凭证　C. 转账凭证　D. 结算凭证
5. 记账凭证的填制一般由（　）完成。
   A. 出纳人员　B. 会计人员　C. 经办人员　D. 主管人员
6. 记账凭证填制完毕加计合计数以后，如有空行应（　）。
   A. 空置不填　B. 划线注销　C. 盖章注销　D. 签字注销
7. 下列项目中，不属于记账凭证审核内容的是（　）。

A. 凭证是否符合有关的计划和预算
B. 凭证的金额与所附原始凭证的金额是否一致
C. 会计科目的使用是否正确
D. 凭证的内容与所附原始凭证的内容是否一致

8. 某企业外购一批材料，实际支付的价款为 5 000 元，支付的增值税额为 650 元，同时发生运费 100 元，则原材料的入账价值为（　　）元。
A. 5 650　　B. 5 000　　C. 5 100　　D. 5 750

9. 下列各项中，不计入产品成本的是（　　）。
A. 生产工人工资　　B. 生产设备的折旧
C. 生产产品所耗用的材料费　　D. 行政管理人员工资

10. 下列各项中，不能计入购入生产经营用设备成本的是（　　）。
A. 支付的买价　　B. 支付的增值税
C. 支付的保险费　　D. 支付的运杂费

11. 计提本月固定资产折旧时，应贷记（　　）账户。
A. “固定资产”　　B. “累计折旧”
C. “财务费用”　　D. “制造费用”

12. 支付产品广告费时，应借记（　　）账户。
A. “管理费用”　　B. “销售费用”
C. “营业外支出”　　D. “其他业务成本”

13. 下列各项中，不影响营业利润的是（　　）。
A. 管理费用　　B. 所得税费用
C. 主营业务收入　　D. 其他业务成本

14. 下列各项中，期末结转到“本年利润”账户借方的是（　　）。
A. 制造费用　　B. 管理费用　　C. 生产成本　　D. 营业外收入

15. 下列各项中，应计入企业主营业务收入的是（　　）。
A. 出租固定资产取得的收入　　B. 出售固定资产取得的收入
C. 转让无形资产使用权的收入　　D. 提供劳务取得的收入

三、多项选择题

1. 记账凭证按其用途分类，可以分为（　　）。
A. 单式记账凭证　　B. 复式记账凭证　　C. 专用记账凭证　　D. 通用记账凭证

2. 记账凭证审核的主要内容有（　　）。
A. 项目是否齐全　　B. 科目是否正确　　C. 内容是否真实　　D. 数量是否正确

3. 记账凭证是（　　）填制的。
A. 经办人　　B. 会计人员
C. 经济业务发生时　　D. 根据审核无误的原始凭证

4. 按照规定，除（　　）的记账凭证可以不附原始凭证，其他记账凭证必须附有原始凭证。
A. 提取现金　　B. 结账　　C. 更正错账　　D. 现金存入银行

5. 记账凭证的填制必须做到记录真实、内容完整、填制及时、书写清楚外，还必须符合（　　）要求。

A. 如有空行，应当在空行处划线注销

B. 发生错误应该按规定的方法更正

C. 必须连续编号

D. 除另有规定外，应该有附件并注明附件张数

6.（　　）项目应直接计入当期损益。

A. 管理费用　　B. 制造费用　　C. 财务费用　　D. 销售费用

7. 下列各项中，属于利润分配内容的有（　　）。

A. 弥补以前年度亏损　　B. 提取盈余公积

C. 资本公积转增资本　　D. 向投资者分配利润

8. 下列各项中，属于营业外收入核算的项目有（　　）。

A. 违约罚款收入　　B. 确实无法支付的应付账款

C. 出售材料取得的收入　　D. 没收外单位财产的收入

9. 下列各项中，应记入“生产成本”账户借方的费用有（　　）。

A. 产品生产工人工资　　B. 企业总部修理办公设备耗用的原材料

C. 车间固定资产的折旧费　　D. 生产产品耗用的原材料

10. 下列各项中，属于职工薪酬核算内容的有（　　）。

A. 职工工资、奖金、津贴和补贴　　B. 职工福利费

C. 社会保险费　　D. 工会经费和职工教育经费

11. 下列各项中，通过“税金及附加”账户核算的有（　　）。

A. 城市维护建设税　　B. 印花税

C. 教育费附加　　D. 增值税

12. 结转完工产品成本，下列说法中，正确的有（　　）。

A. 借记“库存商品”账户　　B. 借记“生产成本”账户

C. 贷记“主营业务收入”账户　　D. 贷记“生产成本”账户

四、技能训练题

1. 筹资业务记账凭证的填制

1）业务资料

某工厂 2019 年 5 月发生下列经济业务：

（1）6 日，向银行借入期限为 3 个月的借款 30 000 元，款项已存入银行。

（2）10 日，用银行存款归还已到期的 2 年期借款 100 000 元。

（3）16 日，向银行借入期限为 5 年的借款 120 000 元，款项已存入银行。

（4）20 日，收到海红公司的投资款 50 000 元，款项已存入银行。

2）技能要求

根据以上经济业务编制相应的会计分录与记账凭证，如表 4-1 至表 4-4 所示。

表 4-1

记 账 凭 证

年 月 日　　　　　　　　字第 号

摘　要	总账科目	明细科目	借方金额										贷方金额										账页或√
			千	百	十	万	千	百	十	元	角	分	千	百	十	万	千	百	十	元	角	分	
附属单证	张	合　计																					

会计主管：　　　　记账：　　　　审核：　　　　制单：

表 4-2

记 账 凭 证

年 月 日　　　　　　　　字第 号

摘　要	总账科目	明细科目	借方金额										贷方金额										账页或√
			千	百	十	万	千	百	十	元	角	分	千	百	十	万	千	百	十	元	角	分	
附属单证	张	合　计																					

会计主管：　　　　记账：　　　　审核：　　　　制单：

表 4-3

记　账　凭　证

年　月　日　　　　　　　　字第　号

摘　要	总账科目	明细科目	借方金额										贷方金额										账页或√
			千	百	十	万	千	百	十	元	角	分	千	百	十	万	千	百	十	元	角	分	
附属单证　张		合　计																					

会计主管：　　　　记账：　　　　审核：　　　　制单：

表 4-4

记　账　凭　证

年　月　日　　　　　　　　字第　号

摘　要	总账科目	明细科目	借方金额										贷方金额										账页或√
			千	百	十	万	千	百	十	元	角	分	千	百	十	万	千	百	十	元	角	分	
附属单证　张		合　计																					

会计主管：　　　　记账：　　　　审核：　　　　制单：

2. 采购业务记账凭证的填制

1）业务资料

某企业 2019 年 6 月份发生下列经济业务：

(1) 2 日，从新兴工厂购入 B 材料 1 000 千克，买价 20 000 元，增值税额 2 600 元，运杂费 550 元，款项已用银行存款支付，材料尚未到达。

(2) 8 日，从永昌工厂购入 A 材料 600 千克，买价 30 000 元，增值税额 3 900 元，B 材料 400 千克，买价 8 000 元，增值税额 1 040 元，共发生运杂费 500 元，款项已用银行存款支付，材料已验收入库(运杂费按材料重量进行分配)。

(3) 16 日，从宏远工厂购入 C 材料 200 千克，买价 50 000 元，增值税额 6 500 元，D 材料 100 立方米，买价 30 000 元，增值税额 3 900 元，运杂费共计 4 800 元，款项尚未支付，材料已验收入库(运杂费按材料买价进行分配)。

2）技能要求

根据以上经济业务编制相应的会计分录与记账凭证，如表 4-5 至表 4-7 所示。

表 4-5

记 账 凭 证

年 月 日　　　　字第 号

摘 要	总账科目	明细科目	借方金额										贷方金额										账页或✓
			千	百	十	万	千	百	十	元	角	分	千	百	十	万	千	百	十	元	角	分	
附属单证 张		合 计																					

会计主管：　　　记账：　　　审核：　　　制单：

表 4-6

记　账　凭　证

年　月　日　　　　　　　　　　字第　号

摘　要	总账科目	明细科目	借方金额										贷方金额										账页或✓
			千	百	十	万	千	百	十	元	角	分	千	百	十	万	千	百	十	元	角	分	
附属单证　　张		合　计																					

会计主管：　　　　记账：　　　　审核：　　　　制单：

表 4-7

记　账　凭　证

年　月　日　　　　　　　　　　字第　号

摘　要	总账科目	明细科目	借方金额										贷方金额										账页或✓
			千	百	十	万	千	百	十	元	角	分	千	百	十	万	千	百	十	元	角	分	
附属单证　　张		合　计																					

会计主管：　　　　记账：　　　　审核：　　　　制单：

3. 生产业务记账凭证的填制

1）业务资料

某企业 2019 年 6 月发生下列经济业务：

(1) 6 日，生产甲产品领用 A 材料 800 千克，单价 50 元，生产乙产品领用 B 材料 300 千克，管理部门领用 B 材料 50 千克，单价 20 元。

(2) 28 日，用银行存款支付本月电费 30 000 元，其中生产车间 22 000 元，管理部门 8 000元。

(3) 30 日，结算本月应付职工工资 50 000 元，其中生产甲产品工人工资 20 000 元，生产乙产品工人工资 15 000 元，车间管理人员工资 6 000 元，企业管理人员工资 9 000 元。

(4) 30 日，计提本月固定资产折旧 3 800 元，其中生产车间 2 300 元，管理部门 1 500元。

2）技能要求

根据以上经济业务编制相应的会计分录与记账凭证，如表 4-8 至表 4-11 所示。

表 4-8　　　　记 账 凭 证

年　月　日　　　　　　字第　号

摘　要	总账科目	明细科目	借方金额										贷方金额										账页或√
			千	百	十	万	千	百	十	元	角	分	千	百	十	万	千	百	十	元	角	分	
附属单证	张	合　计																					

会计主管：　　　　记账：　　　　审核：　　　　制单：

表 4-9　　　　**记　账　凭　证**

年　月　日　　　　字第　号

摘　要	总账科目	明细科目	借方金额										贷方金额										账页或✓
			千	百	十	万	千	百	十	元	角	分	千	百	十	万	千	百	十	元	角	分	
附属单证　　张		合　计																					

会计主管：　　　　记账：　　　　审核：　　　　制单：

表 4-10　　　　**记　账　凭　证**

年　月　日　　　　字第　号

摘　要	总账科目	明细科目	借方金额										贷方金额										账页或✓
			千	百	十	万	千	百	十	元	角	分	千	百	十	万	千	百	十	元	角	分	
附属单证　　张		合　计																					

会计主管：　　　　记账：　　　　审核：　　　　制单：

表 4-11

记账凭证

年　月　日　　　　字第　号

摘要	总账科目	明细科目	借方金额										贷方金额										账页或√
			千	百	十	万	千	百	十	元	角	分	千	百	十	万	千	百	十	元	角	分	
附属单证　张		合计																					

会计主管：　　　　记账：　　　　审核：　　　　制单：

4. 销售业务记账凭证的填制

1）业务资料

某企业 2019 年 7 月份发生下列经济业务：

(1) 5 日，用银行存款支付产品广告费 2000 元。

(2) 8 日，销售给雪莲工厂甲产品 500 件，单位售价 600 元，销项税额 39 000 元，款项已存入银行。

(3) 20 日，用银行存款支付产品销售运输费 300 元。

(4) 28 日，销售给红卫工厂 C 材料 100 千克，单位售价 20 元，销项税额 260 元，款项已收存银行。

2）技能要求

根据以上经济业务编制相应的会计分录与记账凭证，如表 4-12 至表 4-15 所示。

表 4-12　　　　　　　　　　**记　账　凭　证**

年　月　日　　　　　　　　　字第　号

摘　要	总账科目	明细科目	借方金额										贷方金额										账页或✓
			千	百	十	万	千	百	十	元	角	分	千	百	十	万	千	百	十	元	角	分	
附属单证　张		合　计																					

会计主管：　　　　记账：　　　　审核：　　　　制单：

表 4-13　　　　　　　　　　**记　账　凭　证**

年　月　日　　　　　　　　　字第　号

摘　要	总账科目	明细科目	借方金额										贷方金额										账页或✓
			千	百	十	万	千	百	十	元	角	分	千	百	十	万	千	百	十	元	角	分	
附属单证　张		合　计																					

会计主管：　　　　记账：　　　　审核：　　　　制单：

表 4-14　　　　　　　　**记　账　凭　证**

年　月　日　　　　　　　　　　字第　号

摘　要	总账科目	明细科目	借方金额										贷方金额										账页或✓
			千	百	十	万	千	百	十	元	角	分	千	百	十	万	千	百	十	元	角	分	
附属单证　　张		合　计																					

会计主管：　　　　记账：　　　　审核：　　　　制单：

表 4-15　　　　　　　　**记　账　凭　证**

年　月　日　　　　　　　　　　字第　号

摘　要	总账科目	明细科目	借方金额										贷方金额										账页或✓
			千	百	十	万	千	百	十	元	角	分	千	百	十	万	千	百	十	元	角	分	
附属单证　　张		合　计																					

会计主管：　　　　记账：　　　　审核：　　　　制单：

5. 利润业务记账凭证的填制

1）业务资料

某企业 2019 年 8 月发生下列经济业务：

（1）3 日，用银行存款交纳上月应交所得税 60 000 元。

（2）15 日，用银行存款向灾区捐款 50 000 元。

（3）31 日，结转收入类账户的余额，其中：主营业务收入 350 000 元，其他业务收入 10 000 元，投资收益 15 000 元，营业外收入 2 000 元。

（4）31 日，结转费用类账户的余额，其中：主营业务成本 210 000 元，其他业务成本 5 700 元，销售费用 28 000 元，税金及附加 8 500 元，管理费用 34 500 元，财务费用 2 000 元，营业外支出 60 000 元。

（5）31 日，按本月利润总额的 25％计算并结转应交所得税。

2）技能要求

根据以上经济业务编制相应的会计分录与记账凭证，如表 4-16 至表 4-21 所示。

表 4-16　　　　**记　账　凭　证**

年　月　日　　　　　　字第　号

摘　要	总账科目	明细科目	借方金额										贷方金额										账页或✓
			千	百	十	万	千	百	十	元	角	分	千	百	十	万	千	百	十	元	角	分	
附属单证　　张		合　计																					

会计主管：　　　　记账：　　　　审核：　　　　制单：

表 4-17

记 账 凭 证

年 月 日　　　　　　　　字第 号

摘 要	总账科目	明细科目	借方金额										贷方金额										账页或✓
			千	百	十	万	千	百	十	元	角	分	千	百	十	万	千	百	十	元	角	分	
附属单证 张		合 计																					

会计主管：　　　　记账：　　　　审核：　　　　制单：

表 4-18

记 账 凭 证

年 月 日　　　　　　　　字第 号

摘 要	总账科目	明细科目	借方金额										贷方金额										账页或✓
			千	百	十	万	千	百	十	元	角	分	千	百	十	万	千	百	十	元	角	分	
附属单证 张		合 计																					

会计主管：　　　　记账：　　　　审核：　　　　制单：

表 4-19

记 账 凭 证

年 月 日　　　　　　　　字第 号

摘 要	总账科目	明细科目	借方金额										贷方金额										账页或✓
			千	百	十	万	千	百	十	元	角	分	千	百	十	万	千	百	十	元	角	分	
附属单证 张		合 计																					

会计主管：　　　　记账：　　　　审核：　　　　制单：

表 4-20

记 账 凭 证

年 月 日　　　　　　　　字第 号

摘 要	总账科目	明细科目	借方金额										贷方金额										账页或✓
			千	百	十	万	千	百	十	元	角	分	千	百	十	万	千	百	十	元	角	分	
附属单证 张		合 计																					

会计主管：　　　　记账：　　　　审核：　　　　制单：

表 4-21 **记 账 凭 证**

年 月 日 字第 号

摘 要	总账科目	明细科目	借方金额										贷方金额										账页或✓
			千	百	十	万	千	百	十	元	角	分	千	百	十	万	千	百	十	元	角	分	
附属单证 张		合 计																					

会计主管： 记账： 审核： 制单：

6. 科目汇总表的编制

1）业务资料

某企业 2019 年 8 月 1～10 日根据所发生的经济业务填制的记账凭证，如表 4-22 所示（以会计分录代替）。

表 4-22 **2019 年 8 月 1～10 日的记账凭证** 单位：元

凭证编号	借方科目	金 额	贷方科目	金 额
转 1	固定资产	300 000	实收资本	300 000
银收 1	银行存款	18 000	应收账款	18 000
现付 1	其他应收款	800	库存现金	800
银付 1	库存现金	1 500	银行存款	1 500
银收 2	银行存款	100 000	短期借款	100 000
转 2	盈余公积	20 000	实收资本	20 000
转 3	生产成本 制造费用 管理费用	36 000 6 000 2 000	原材料	44 000
银付 2	库存现金	15 000	银行存款	15 000
现付 2	应付职工薪酬	15 000	库存现金	15 000

（续表）

凭证编号	借方科目	金　额	贷方科目	金　额
银付 3	应付账款	24 000	银行存款	24 000
转 4	生产成本 制造费用 管理费用	11 000 1 600 2 400	应付职工薪酬	15 000
转 5	制造费用 管理费用	3 000 2 000	累计折旧	5 000
银付 4	管理费用	3 000	银行存款	3 000
银付 5	固定资产	68 000	银行存款	68 000
银收 3	银行存款	23 500	应收账款	23 500

2）技能要求

根据上述记账凭证编制该企业 2019 年 8 月上旬的科目汇总表，如表 4-23 所示。

表 4-23　　**科目汇总表**

2019 年 8 月 1～10 日　　单位：元

会计科目	借方发生额	贷方发生额

第 5 章　认知和登记会计账簿

一、判断题

1. 总账只能进行金额核算，提供价值指标，不提供实物指标，而明细账有的只提供价值指标，有的既提供价值指标，又提供实物指标。（　　）
2. 会计人员根据记账凭证登记账簿时，误将 100 元记为 1 000 元，更正这种记账错误应采用红字更正法。（　　）
3. 各企业都必须按照统一规定设置分类账。（　　）
4. 订本式账簿在平时记账时可以临时增减账页，在使用后按实际使用页数装订。（　　）
5. 账证核对就是期末将账簿记录与会计凭证逐笔进行核对。（　　）
6. 月末企业银行存款的实有余额为本月银行对账单余额加上企业已收、银行未收款项，减去企业已付、银行未付的款项。（　　）
7. 月末企业应根据银行存款余额调节表中调整后的余额进行账务处理，使企业银行存款日记账的余额与调整后的余额一致。（　　）
8. 年终决算前对财产物资所进行的清查一般属于全面清查。（　　）
9. 在清查盘点实物时，由盘点人员单方面清点即可，保管人员不需在场。（　　）
10. 各种结算往来款项的清查，必须派人亲自到对方单位核对。（　　）

二、单项选择题

1. “应收账款”账户明细账的格式一般采用（　　）。

   A. 多栏式　　B. 订本式
   C. 数量金额式　　D. 三栏式

2. 多栏式明细账格式一般适用于（　　）。

   A. 债权、债务账户　　B. 财产、物资类账户
   C. 费用成本类和收入成果类账户　　D. 货币资产类账户

3. 按照经济业务发生时间的先后顺序逐日逐笔进行登记的账簿是（　　）。

   A. 总分类账簿　　B. 序时账簿
   C. 备查账簿　　D. 明细分类账簿

4. 下列关于现金及银行存款日记账月末结账的做法的表述中，正确的是（　　）。

   A. 应在“本月合计”栏下面通栏划单红线
   B. 应在“本月合计”栏下面通栏划双红线
   C. 应在“本年累计”栏下面通栏划单红线

D. 应在“本年累计”栏下面通栏划双红线

5. 会计人员在填制记账凭证时，将 860 元误记为 680 元，并已登记入账，月末结账时发现该笔错账，采用的错账更正方法是（　　）。

A. 划线更正法　　B. 补充登记法

C. 红字更正法　　D. 核对账目法

6. 月末结账时发现错账，相应记账凭证所用的会计科目正确，只是所填金额大于应填金额，并已登记入账，应采用（　　）更正。

A. 红字更正法　　B. 划线更正法

C. 补充登记法　　D. 平行登记法

7. 下列关于从银行提取库存现金业务的做法中，正确的是（　　）。

A. 根据库存现金收款凭证登记银行存款日记账

B. 根据银行存款付款凭证登记现金日记账和银行存款日记账

C. 根据库存现金收款凭证登记现金日记账

D. 根据银行存款付款凭证和库存现金收款凭证登记现金日记账和银行存款日记账

8. 对财产物资进行清查的目的是要达到（　　）。

A. 账账相符　　B. 账证相符

C. 账实相符　　D. 账表相符

9. 出纳人员每日业务终了应对现金进行清点，属于（　　）。

A. 局部清查和不定期清查　　B. 局部清查和定期清查

C. 全面清查和定期清查　　D. 全面清查和不定期清查

10. 现金清查采用的方法是（　　）。

A. 函证核对　　B. 实地盘点

C. 抽样检验　　D. 技术测算

11. 在记账无误的情况下，银行对账单与企业银行存款日记账账面余额不一致是由（　　）造成的。

A. 坏账损失　　B. 应付账款

C. 应收账款　　D. 未达账项

12. 下列对账工作中，属于账实核对的是（　　）。

A. 会计部门的财产物资明细账与财产物资保管部门的有关明细账核对

B. 总分类账与所属明细分类账核对

C. 企业银行存款日记账与对账单核对

D. 总分类账与日记账核对

13. 可以跨年度连续使用的会计账簿是（　　）。

A. 总账　　B. 明细账　　C. 备查账　　D. 日记账

14. 账账核对不包括（　　）。

A. 总账与所属明细账之间的核对　　B. 总账与备查账的核对

C. 总账各账户余额的核对　　D. 总账与日记账的核对

15. 下列情况下,(　　)企业不需要对其财产进行全面清查。

A. 年终决算前　　B. 进行股份制改制前

C. 更换仓库保管员　　D. 破产

三、多项选择题

1. 下列各项中,需要采用订本式账簿的有(　　)。

A. 现金日记账　　B. 库存商品明细账

C. 银行存款日记账　　D. 总分类账

2. 账簿按其用途不同,可以分为(　　)。

A. 总分类账　　B. 备查账　　C. 日记账　　D. 分类账

3. "红字更正法"适用于(　　)。

A. 记账前发现记账凭证上的文字和数字有误

B. 记账后,发现原记账凭证上应借、应贷科目填错

C. 记账后,发现原记账凭证上所填金额小于应填金额

D. 记账后,发现原记账凭证上所填金额大于应填金额

4. 明细账账页格式一般有(　　)。

A. 三栏式　　B. 多栏式

C. 数量金额式　　D. 横线登记式

5. 应采用数量金额式的明细账有(　　)。

A. 固定资产明细账　　B. 实收资本明细账

C. 原材料明细账　　D. 库存商品明细账

6. 会计账簿中,可以采用红墨水记账的有(　　)。

A. 采用红字冲销法,冲销错误记录

B. 在不设借贷栏的多栏式账页中,登记减少数

C. 在三栏式账户的余额前,如未印明借贷方向的,在余额栏内登记负数余额

D. 会计制度规定的可以用红字登记的其他会计记录

7. 不定期清查,一般在(　　)时进行。

A. 企业财产被盗　　B. 财产保管员变动

C. 自然灾害造成部分财产损失　　D. 部分财产霉变

8. 银行存款的清查,须将(　　)互相进行逐笔勾对。

A. 银行存款日记账　　B. 银行存款总账

C. 银行对账单　　D. 支票登记簿

9. 常用的实物资产的清查方法包括(　　)。

A. 技术推算法　　B. 实地盘点法　　C. 函证核对法　　D. 抽样盘存法

10. 下列关于结出账户余额的规定中,正确的说法有(　　)。

A. 结出账户余额后,应当在"借或贷"栏内注明"借"或"贷"字,以示余额方向

B. 对于没有余额的账户,应在"借或贷"栏内注明"平"字,并在余额栏用"θ"表示

C. 现金日记账和银行存款日记账必须逐日结出余额

D. 现金日记账和银行存款日记账必须逐笔结出余额

四、技能训练题

1. 登记总账和明细账

1）业务资料

2019 年 7 月 1 日，海滨公司原材料总分类账户借方余额为 225 000 元，其中：甲材料 2 000 千克，每千克 55 元，计 110 000 元；乙材料 5 000 千克，每千克 23 元，计 115 000 元。海滨公司 2019 年 7 月份发生如下经济业务：

（1）5 日，向 A 公司购入甲材料 800 千克，单价 55 元，货款 44 000 元；购入乙材料 2 000 千克，单价 23 元，价款 46 000 元。材料已验收入库，款项尚未支付。

（2）10 日，向 B 公司购入甲材料 2 000 千克，单价 55 元，价款 110 000 元，材料已验收入库，款项尚未支付。

（3）16 日，生产车间为生产产品领用材料，其中领用甲材料 1 400 千克，单价 55 元，价值 77 000 元；领用乙材料 3 000 千克，单价 23 元，价值 69 000 元。

（4）28 日，向 A 公司购入乙材料 1 600 千克，单价 23 元，价款 16 800 元，材料已验收入库，款项已支付。

2）技能要求

（1）根据以上经济业务填制相应的记账凭证，如表 5-1 至表 5-4 所示。

表 5-1

记　账　凭　证

年　月　日　　　　　　字第　号

摘　要	总账科目	明细科目	借方金额										贷方金额										账页或✓
			千	百	十	万	千	百	十	元	角	分	千	百	十	万	千	百	十	元	角	分	
附属单证	张	合　计																					

会计主管：　　　　记账：　　　　审核：　　　　制单：

表 5-2

记 账 凭 证

年　月　日　　　　　　　　　　字第　号

摘　要	总账科目	明细科目	借方金额										贷方金额										账页或✓
			千	百	十	万	千	百	十	元	角	分	千	百	十	万	千	百	十	元	角	分	
附属单证　张		合　计																					

会计主管：　　　　记账：　　　　审核：　　　　制单：

表 5-3

记 账 凭 证

年　月　日　　　　　　　　　　字第　号

摘　要	总账科目	明细科目	借方金额										贷方金额										账页或✓
			千	百	十	万	千	百	十	元	角	分	千	百	十	万	千	百	十	元	角	分	
附属单证　张		合　计																					

会计主管：　　　　记账：　　　　审核：　　　　制单：

表 5-4

记　账　凭　证

年　月　日　　　　　　　　字第　号

摘　要	总账科目	明细科目	借方金额										贷方金额										账页或✓
			千	百	十	万	千	百	十	元	角	分	千	百	十	万	千	百	十	元	角	分	
附属单证　张		合　计																					

会计主管：　　　　记账：　　　　审核：　　　　制单：

（2）登记原材料总账和明细账，并结出其本期发生额及期末余额，如表 5-5 至表 5-7 所示。

表 5-5

总分类账

会计科目：原材料　　　　　　　　第　页

年		凭证		摘要	借方金额											✓	贷方金额											✓	借或贷	余额											✓
月	日	字	号		亿	千	百	十	万	千	百	十	元	角	分		亿	千	百	十	万	千	百	十	元	角	分			亿	千	百	十	万	千	百	十	元	角	分	

表 5-6 **原材料明细分类账**

计量单位：千克　存放地点：　类别：主要材料　货名：甲材料　单位：元

年		凭证		摘 要	收(借)入											发(贷)出											结(余)存											核对
月	日	种类	号数		数量	单价	金额									数量	单价	金额									数量	单价	金额									
							百	十	万	千	百	十	元	角	分			百	十	万	千	百	十	元	角	分			百	十	万	千	百	十	元	角	分	

表 5-7 **原材料明细分类账**

计量单位：千克　存放地点：　类别：主要材料　货名：乙材料　单位：元

年		凭证		摘 要	收(借)入											发(贷)出											结(余)存											核对
月	日	种类	号数		数量	单价	金额									数量	单价	金额									数量	单价	金额									
							百	十	万	千	百	十	元	角	分			百	十	万	千	百	十	元	角	分			百	十	万	千	百	十	元	角	分	

2. 错账更正

1）业务资料

珠江公司 2019 年 8 月末核对账目，发现以下问题。

(1) 8 日，用银行存款支付广告费 32 500 元，原记账凭证填制为：

借：销售费用　　32 500

　　贷：银行存款　　32 500

并据以登记入账，“银行存款”账户贷方登记为 35 000 元。

(2) 15 日，厂部报销办公费 200 元，用现金支付。原记账凭证为：

借：制造费用　　200

　　贷：库存现金　　200

并据以登记入账。

(3) 20 日，从银行提取现金 2 000 元备用，原记账凭证为：

借：库存现金　　20 000

　　贷：银行存款　　20 000

并据以登记入账。

(4) 25 日，以银行存款购置设备一台，价款 853 000 元，原记账凭证为：

借：固定资产　　835 000

　　贷：银行存款　　835 000

并据以登记入账。

2）技能要求

判断上述资料所列账证记录的错误类型，并予以更正，如表 5-8 所示。

表 5-8　　错账登记

题号	错误类型	更正方法	更正结果
(1)			
(2)			
(3)			
(4)			

3. 编制银行存款余额调节表

1）业务资料

某企业 2019 年 9 月 25～30 日银行存款日记账与银行对账单内容，如表 5-9 和表 5-10所示。

表 5-9　　银行存款日记账

2019		凭证		摘要	结算凭证		借方	贷方	余额
月	日	字	号		种类	号数			
9	24			余额					300 000
	25	银付	38	支付购料款	转支	21		250 000	
	26	银付	39	支付广告费	转支	22		2 000	
	27	银收	18	收到销货款	电汇		226 000		
	28	银付	40	支付购料款	电汇			80 000	
	30	银付	41	支付修理费	转支	23		3 500	
	30	银收	19	收到销货款	转支	127	180 000		370 500

表 5-10　　银行对账单

2019		结算方式		借方	贷方	余额
月	日	类别	号码			
9	24					300 000
	27	电汇			226 000	
	28	转支	22	2 000		
	28	转支	21	250 000		
	28	信汇		23 000		
	28	汇票	148		3 200	
	30	信汇			60 000	
	30	电汇		90 000		224 200

2）技能要求

根据上述资料确定未达账项，并编制银行存款余额调节表，如表 5-11 所示。

表 5-11　　银行存款余额调节表

2019 年 9 月 30 日　　单位：元

项　目	金　额	项　目	金　额
银行存款日记账余额 加：银行已收，企业未收 减：银行已付，企业未付		银行对账单余额 加：企业已收，银行未收 减：企业已付，银行未付	
调节后的存款余额		调节后的存款余额	

4. 财产清查的会计核算

1）业务资料

某企业 2019 年 9 月 30 日对财产物资进行清查时，发现如下情况：

（1）库存 101$^{\#}$产品账面结存数量 1 500 件，单位成本 20 元，金额 30 000 元。实存 1 485件，盘亏 15 件，价值 300 元。经查明 10 件系保管人员过失所致，经批准责令赔偿，5 件为收发计量错误原因造成，经批准计入管理费用。

（2）甲材料账面结存数量 300 千克，每千克 30 元，金额 9 000 元，全部毁损，作为废料处理，计价 500 元。经查明系自然灾害所致，其损失经批准作为非常损失处理。

（3）乙材料账面结存数量 120 吨，每吨成本 100 元，价值 12 000 元，实存 118 吨，盘亏 2 吨，价值 200 元。经查明属于定额内损耗，经批准转销处理。

2）技能要求

根据以上资料，编制财产清查结果审批前后相关的会计分录，如表 5-12 所示。

表 5-12　　　　**会计分录表**

题号	查明原因前的会计分录	报经批准后的会计分录
（1）		
（2）		
（3）		

第6章 认知和编制财务报表

一、判断题

1. 企业财务报表的编制基础是权责发生制。（ ）
2. 投资收益、资产减值损失和其他业务利润都会影响企业的营业利润。（ ）
3. 财务报表应当根据严格审核的会计账簿记录和有关资料编制。（ ）
4. 由于正值元旦放假，为尽快完成财务报表编制工作，可以提前结账，提前编制财务报表。（ ）
5. 资产负债表是反映企业一定报告期间财务状况的报表。（ ）
6. 资产负债表是总括反映企业某一特定日期资产、负债和所有者权益情况的动态报表，通过它可以了解企业资产的构成、资金的来源构成和企业债务偿还能力。（ ）
7. 资产负债表中的“固定资产”项目，应根据“固定资产”账户余额减去“累计折旧”“固定资产减值准备”等账户的期末余额后的金额填列。（ ）
8. 利润表可以帮助报表使用者全面了解企业的财务状况，分析企业的偿债能力，从而为未来的经济决策提供参考信息。（ ）
9. 利润表是反映企业在一定会计期间的经营成果的财务报表。（ ）
10. 利润表属于年度报表，所以年末才需要编制。（ ）

二、单项选择题

1. 财务报表按其反映（ ）的方式的不同，可分为静态报表和动态报表。

   A. 经济内容　B. 编报主体　C. 财务活动　D. 编报时间

2. 我国资产负债表采用的格式是（ ）。

   A. 报告式　B. 单步式　C. 多步式　D. 账户式

3. 下列各项中，作为资产负债表中资产项目的排列顺序标准的是（ ）。

   A. 资产的重要性　B. 资产的时间性　C. 资产的流动性　D. 资产的收益性

4. 编制资产负债表时，“预收账款”账户所属明细账户的借方余额应填列在（ ）项目中。

   A. 预收款项　B. 应收账款

   C. 预付款项　D. 应付账款

5. 下列各项中，属于年末资产负债表中未分配利润项目填列依据的是（ ）。

   A. “本年利润”账户的贷方余额

   B. “本年利润”账户的贷方余额减去“利润分配”账户的贷方余额

   C. “本年利润”账户的贷方余额加上“利润分配”账户的贷方余额

D. “利润分配”账户的年末贷方余额或借方余额

6. 根据“资产＝负债＋所有者权益”这一平衡公式填列的报表是（　　）。

A. 利润表　B. 利润分配表　C. 资产负债表　D. 现金流量表

7. 利润表中的“净利润”是企业的利润总额扣除（　　）后的净额。

A. 所得税费用　B. 盈余公积　C. 应付股利　D. 营业利润

8. 下列选项中，可以帮助会计信息使用者评价企业的资产质量以及短期偿债、长期偿债能力的报表是（　　）。

A. 资产负债表　B. 利润表

C. 现金流量表　D. 所有者权益变动表

9. 下列关于编制利润表依据的表述中，正确的是（　　）。

A. 资产、负债及所有者权益各账户的本期发生额

B. 资产、负债及所有者权益各账户的期末余额

C. 损益类各账户的期末余额

D. 损益类各账户的本期发生额

10. 某企业全部损益类账户的本月发生额如下：营业收入800万元，营业成本500万元，税金及附加86万元，销售费用50万元，管理费用40万元，财务费用10万元，营业外收入5万元，所得税费用44万元，则利润表中“营业利润”项目的本期金额为（　　）万元。

A. 300　B. 114　C. 204　D. 160

三、多项选择题

1. 企业的财务报表至少应包括（　　）。

A. 资产负债表　B. 利润表　C. 现金流量表　D. 附注

2. 下列财务报表中，属于动态报表的有（　　）。

A. 资产负债表　B. 利润表　C. 现金流量表　D. 资金报表

3. 资产负债表分为左、右两方，右方是（　　）项目。

A. 资产　B. 负债　C. 所有者权益　D. 利润

4. 资产负债表的表头通常应列明（　　）。

A. 报表名称　B. 编报单位名称

C. 资产负债表日　D. 人民币金额单位

5. 资产负债表中“货币资金”应根据（　　）账户的期末余额填列。

A. “库存现金”　B. “银行存款”

C. “其他流动资金”　D. “其他货币资金”

6. 下列各项中，属于资产负债表提供的信息有（　　）。

A. 企业资产的构成及其状况　B. 企业的负债总额及其结构

C. 企业利润的形成情况　D. 企业所有者权益情况

7. 影响资产负债表中的“预付款项”项目的有（　　）。

A. “应付账款”明细账户贷方余额　B. “应付账款”明细账户借方余额

C. “预付账款”明细账户贷方余额　　D. “预付账款”明细账户借方余额

8. 下列各项中，可以根据其总账账户余额直接在资产负债表中填列的有(　　)。

A. 应收账款　　B. 应付账款

C. 实收资本　　D. 交易性金融资产

9. 多步式利润表可以反映企业的(　　)等利润要素。

A. 每股收益　　B. 营业利润　　C. 利润总额　　D. 净利润

10. 下列关于利润表的表述中，正确的有(　　)。

A. 根据有关账户发生额编制　　B. 动态报表

C. 反映财务状况的报表　　D. 反映经营成果的报表

四、技能训练题

1. 编制资产负债表

1）背景资料：某公司 2019 年 8 月 31 日各总分类账户余额，如表 6-1 所示。

表 6-1　　**总分类账户余额表**

账户名称	借方余额	账户名称	贷方余额
库存现金	5 740	短期借款	65 000
银行存款	124 800	预收账款	71 000
应收账款	150 000	应付账款	89 000
应收票据	125 000	应付票据	53 000
预付账款	5 100	应付职工薪酬	11 200
交易性金融资产	60 000	应交税费	8 400
其他应收款	10 000	应付股利	10 000
在途物资	140 000	其他应付款	22 750
原材料	89 000	累计折旧	38 000
周转材料	15 000	累计摊销	30 000
库存商品	97 000	长期借款	850 000
生产成本	56 000	实收资本	1 500 000
长期股权投资	425 700	资本公积	150 000
工程物资	60 000	盈余公积	205 000
在建工程	130 000	本年利润	60 750
固定资产	1 650 000	利润分配	45 560
无形资产	66 320		
合计	3 209 660	合计	3 209 660

2）训练要求

根据上述资料，编制该公司的资产负债表，如表 6-2 所示。

表 6-2　　资产负债表（简表）

编制单位：　　　　年　月　日　　　　单位：元

资　产	期末余额	负债和所有者权益	期末余额
流动资产：		流动负债：	
货币资金		短期借款	
交易性金融资产		应付票据	
应收票据		应付账款	
应收账款		预收款项	
预付款项		应付职工薪酬	
其他应收款		应交税费	
存货		其他应付款	
其他流动资产		其他流动负债	
流动资产合计		流动负债合计	
非流动资产：		非流动负债：	
长期应收款		长期借款	
长期股权投资		长期应付款	
投资性房地产		其他非流动负债	
固定资产		非流动负债合计	
在建工程		负债合计	
生产性生物资产		所有者权益：	
无形资产		实收资本	
开发支出		资本公积	
长期应收款		盈余公积	
其他非流动资产		未分配利润	
非流动资产合计		所有者权益合计	
资产总计		负债和所有者权益总计	

单位负责人：　　　　财务负责人：　　　　制表人：

2. 编制利润表

1）背景资料

某公司 2019 年 8 月各损益类账户净发生额，如表 6-3 所示。

表 6-3　　各损益类账户净发生额表

账户名称	本期借方发生额	本期贷方发生额
主营业务收入		860 000
主营业务成本	380 000	
税金及附加	45 000	
管理费用	40 000	
销售费用	112 000	
财务费用	13 000	
其他业务收入		105 000
其他业务成本	69 000	
投资收益	20 000	
营业外收入		30 000
营业外支出	18 000	

2）训练要求

根据上述资料，编制该公司的利润表，如表 6-4 所示。

表 6-4　　利　润　表

编制单位：　　年　月　　单位：元

项目	本期金额	上期金额
一、营业收入		
减：营业成本		
税金及附加		
销售费用		
管理费用		
研发费用		
财务费用		
其中：利息费用		
利息收入		
资产减值损失		
信用减值损失		

（续表）

项目	本期金额	上期金额
加：其他收益		
投资收益（损失以“－”号填列）		
公允价值变动收益（损失以“－”号填列）		
资产处置收益（损失以“－”号填列）		
二、营业利润（损失以“－”号填列）		
加：营业外收入		
减：营业外支出		
三、利润总额（亏损总额以“－”号填列）		
减：所得税费用		
四、净利润（净亏损以“－”号填列）		
（一）持续经营净收益（净亏损以“－”号填列）		
（二）终止经营净收益（净亏损以“－”号填列）		

企业盖章：　　　　单位负责人：　　　　财务负责人：　　　　制表：

第7章　会计核算程序与要求

一、判断题

1. 常用的账务处理程序之间的区别在于登记总分类账的程序和方法不同。　（　　）
2. 各种账务处理程序下，会计报表的编制方法都是相同的。　（　　）
3. 采用科目汇总表账务处理程序，既可以减轻登记总分类账的工作量，也可以做到试算平衡。　（　　）
4. 汇总记账凭证账务处理程序和科目汇总表账务处理程序都适用于规模较大，经济业务较多的单位。　（　　）
5. 科目汇总表账务处理程序能科学地反映账户的对应关系，且便于账目核对。　（　　）
6. 由于各个企业的业务性质、组织规模和管理上的要求不同，企业应根据自身的特点，选择恰当的账务处理程序。　（　　）
7. 记账凭证账务处理程序是最基本的账务处理程序，其特点就是登记账簿的工作量较小。　（　　）
8. 相同的会计资料即使分别采用不同的账务处理程序，编制的财务报表结果都是一致的。　（　　）
9. 汇总记账凭证账务处理程序不利于会计核算的日常分工，并且当转账凭证较多时，编制汇总转账凭证的工作量较大。　（　　）
10. 科目汇总表可每月编制一张，按旬汇总的，也可每旬汇总一次编制一张。　（　　）

二、单项选择题

1. 记账凭证账务处理程序适用于(　　)的单位。
   A. 规模较小，业务量较少　　B. 规模较小，业务量较多
   C. 规模较大，业务量较少　　D. 规模较大，业务量较多
2. 科目汇总表账务处理程序的优点是(　　)。
   A. 详细反映经济业务的发生情况　　B. 可以做到试算平衡
   C. 便于了解账户之间的对应关系　　D. 处理程序简便
3. 汇总记账凭证账务处理程序的优点是(　　)。
   A. 有利于会计核算的日常分工　　B. 便于了解账户之间的对应关系
   C. 手续简便　　D. 便于试算平衡
4. 在科目汇总表账务处理程序下，所有记账凭证中的科目对应关系必须是(　　)。
   A. 一个借方科目与几个贷方科目相对应　　B. 一个借方科目与一个贷方科目相对应
   C. 几个借方科目与一个贷方科目相对应　　D. 几个借方科目与几个贷方科目相对应

5. 各种账务处理程序的主要区别是(　　)。

A. 登记明细账的依据不同　　B. 登记总账的依据和方法不同

C. 记账的程序不同　　D. 记账的方法不同

6. 下列各项中,(　　)是对所发生的经济业务事项,根据原始凭证或汇总原始凭证编制记账凭证,然后直接根据记账凭证逐笔登记总分类账。

A. 记账凭证账务处理程序　　B. 汇总记账凭证账务处理程序

C. 科目汇总表账务处理程序　　D. 日记账账务处理程序

7. 采用科目汇总表账务处理程序,(　　)是其登记总账的直接依据。

A. 汇总记账凭证　　B. 科目汇总表　　C. 记账凭证　　D. 原始凭证

8. 科目汇总表账务处理程序与汇总记账凭证账务处理程序的共同优点是(　　)。

A. 简单明了,易于理解

B. 减轻了总分类账登记的工作量

C. 可以进行试算平衡

D. 总分类账可以较详细地反映经济业务的发生情况

9. 下列各项中,属于记账凭证账务处理程序优点的是(　　)。

A. 总分类账反映经济业务较详细　　B. 减轻了登记总分类账的工作量

C. 有利于会计核算的日常分工　　D. 便于核对账目和进行试算平衡

10. 汇总记账凭证账务处理程序的适用范围是(　　)。

A. 规模较小、业务较少的单位　　B. 规模较大、业务较少的单位

C. 规模较大、业务较多的单位　　D. 规模较小、业务较多的单位

三、多项选择题

1. 各种账务处理程序的相同之处有(　　)。

A. 根据原始凭证填制记账凭证

B. 根据原始凭证和记账凭证登记明细分类账

C. 根据记账凭证登记总分类账

D. 根据总分类账和明细分类账编制会计报表

2. 各企业在设计账务处理程序时,应符合下列要求中的(　　)。

A. 要适合本单位特点,满足会计核算的要求

B. 要有利于及时、准确地反映本单位经济活动情况

C. 要有利于提高会计工作效率

D. 要有利于满足会计信息使用者的需要

3. 下列各账务处理程序表述中,正确的有(　　)。

A. 科目汇总表账务处理程序是在记账凭证账务处理程序基础上发展而来的,记账凭证账务处理程序是最基本的一种账务处理程序

B. 记账凭证账务处理程序适用于规模较小、经济业务较多的单位

C. 科目汇总表账务处理程序适用于经济业务较多的单位

D. 汇总记账凭证账务处理程序适用于规模较大、经济业务较少的单位

4. 总分类账登记的依据有(　　)。

A. 记账凭证　　B. 原始凭证

C. 科目汇总表　　D. 记账凭证汇总表

5. 科目汇总表核算形式的优点有(　　)。

A. 减轻登记总账的工作量　　B. 科目汇总表可起到试算平衡作用

C. 便于分析经济业务的来龙去脉　　D. 科目汇总表对应关系清晰

6. 各种会计核算形式的相同之处包括(　　)。

A. 根据原始凭证或原始凭证汇总表编制记账凭证

B. 根据收款、付款凭证登记日记账

C. 根据记账凭证登记总账

D. 月末,总账余额与日记账的余额和各种明细账的余额相核对

7. 记账凭证核算形式一般适用于(　　)的单位。

A. 经营规模较大　　B. 经济业务较多

C. 经营规模较少　　D. 经济业务较少

8. 在科目汇总表核算形式下,记账凭证是用来(　　)的依据。

A. 登记现金日记账　　B. 登记银行存款日记账

C. 登记总分类账　　D. 编制科目汇总表

四、会计核算题

1) 业务资料

2019 年 8 月 1 日,广东倍家科技有限公司“银行存款”账户余额为 685 000 元。8 月份发生银行存款相关业务如下:

(1) 8 月 6 日,开出转账支票,支付前欠广东蓝波塑料有限公司货款 56 500 元。

(2) 8 月 12 日,收到开户银行转来的收账通知书,收到广东双林电器有限公司货款 90 400 元。

(3) 8 月 20 日,向广东华利电子有限公司采购电路板一批,货款 40 000 元,增值税税率为 13%,以银行存款支付,电路板已验收入库。

(4) 8 月 25 日,向广东新怡百货有限公司销售电磁炉一批,开出增值税专用发票,发票注明价款为 60 000 元,增值税税率为 13%,产品已发出,货款已收妥。

2) 技能要求

(1) 编制相关业务的会计分录与记账凭证,如表 7-1 至表 7-4 所示。

表 7-1

记　账　凭　证

年　月　日　　　　　　　　　　　　　　字第　号

摘　要	总账科目	明细科目	借方金额										贷方金额										账页或√
			千	百	十	万	千	百	十	元	角	分	千	百	十	万	千	百	十	元	角	分	
附属单证　张		合　计																					

会计主管：　　　　记账：　　　　审核：　　　　制单：

表 7-2

记　账　凭　证

年　月　日　　　　　　　　　　　　　　字第　号

摘　要	总账科目	明细科目	借方金额										贷方金额										账页或√
			千	百	十	万	千	百	十	元	角	分	千	百	十	万	千	百	十	元	角	分	
附属单证　张		合　计																					

会计主管：　　　　记账：　　　　审核：　　　　制单：

表 7-3

记 账 凭 证

年 月 日　　　　字第 号

摘 要	总账科目	明细科目	借方金额										贷方金额										账页或✓
			千	百	十	万	千	百	十	元	角	分	千	百	十	万	千	百	十	元	角	分	
附属单证 张		合 计																					

会计主管：　　　　记账：　　　　审核：　　　　制单：

表 7-4

记 账 凭 证

年 月 日　　　　字第 号

摘 要	总账科目	明细科目	借方金额										贷方金额										账页或✓
			千	百	十	万	千	百	十	元	角	分	千	百	十	万	千	百	十	元	角	分	
附属单证 张		合 计																					

会计主管：　　　　记账：　　　　审核：　　　　制单：

(2) 编制科目汇总表,如表 7-5 所示。

表 7-5　　　　科目汇总表

编号：　　　　年　月　日至　日　　　　凭证第　号至第　号共　张

会计科目	本期发生额																				账页或√
	借方金额										贷方金额										
	亿	千	百	十	万	千	百	十	元	角	分	亿	千	百	十	万	千	百	十	元	角	分	
合计																					

会计主管：　　　　记账：　　　　审核：　　　　制单：

(3) 登记银行存款日记账,如表 7-6 所示。

表 7-6　　　　银行存款日记账

年		凭证号数		摘要	支票		对方科目	存入(收款)										支取(付款)										结余										核对
月	日	收款	付款		种类	号数		亿	千	百	十	万	千	百	十	元	角	分	亿	千	百	十	万	千	百	十	元	角	分	亿	千	百	十	万	千	百	十	元	角	分	

(4) 采用科目汇总表核算程序登记银行存款总分类账，如表 7-7 所示。

表 7-7

总分类账

会计科目：银行存款

第　页

年		凭证		摘要	借方金额											✓	贷方金额											✓	借或贷	余额											✓
月	日	字	号		亿	千	百	十	万	千	百	十	元	角	分		亿	千	百	十	万	千	百	十	元	角	分			亿	千	百	十	万	千	百	十	元	角	分	

第 8 章　会计资料的整理与保管

一、判断题

1. 会计凭证的保管期限一般为 15 年。（　　）

2. 会计凭证是单位的重要经济档案和历史资料，在传递过程中，凡使用会计凭证的会计人员都有责任将其保管好，存档后由专人管理。（　　）

3. 年度终了后，会计凭证可暂由会计机构保管 1 年，期满后应由会计机构移交给本单位档案机构统一保管。（　　）

4. 总账、日记账和明细账每年都要更换一次，年度结账后，所有账簿都要及时整理立卷，装订归档。（　　）

5. 会计凭证装订时，应将其整理对齐，在右上角打孔装订，并加盖封面。（　　）

6. 当年形成的会计档案在会计年度终了，编制成册之后，必须移交本单位的档案管理部门保管。（　　）

7. 会计档案的保管期限，从会计资料建档的第一天算起。（　　）

8. 单位应当定期对已到保管期的会计档案进行鉴定，对保管期已满的会计档案应当按照法定程序全部销毁。（　　）

9. 单位保存的会计档案一般不得对外借出。确因工作需要且根据国家有关规定必须借出的，应当严格按照规定办理相关手续。（　　）

10. 各单位当年形成的会计档案，必须在会计年度终了后 3 个月内移交单位档案管理机构保管。（　　）。

二、单项选择题

1. 年度财务报表的保管期限是（　　）。

A. 5 年　　B. 10 年　　C. 30 年　　D. 永久

2. 按《会计档案管理办法》的规定，下列（　　）不属于会计档案的范围。

A. 会计凭证　　B. 会计移交清册

C. 会计档案销毁清册　　D. 年度财务预算

3. 下列关于会计凭证装订的表述中，不正确的说法是（　　）。

A. 会计凭证一般每月装订一次

B. 装订前要分类整理，按凭证编号顺序排列

C. 检查附件是否齐全、有关人员签章是否齐全

D. 保留凭证内的金属物

4. 下列关于某企业会计档案销毁工作中的做法，符合会计法律制度的是（　　）。

A. 由档案部门会同会计部门销毁会计档案
B. 将所有保管期满的会计档案全部销毁
C. 由档案部门负责人与会计部门负责人在会计档案销毁清册上签字，并进行监销
D. 未将会计档案销毁事项报告单位负责人

5. 当年形成的会计档案，在会计年度终了后，可由单位会计管理机构临时保管(　　)年，再移交单位档案管理机构保管。
A. 半　　B. 1　　C. 2　　D. 3

6. 会计档案的保管期限，从(　　)。
A. 装订当月终了第一天算起　　B. 月度终了第一天算起
C. 季度终了第一天算起　　D. 会计年度终了后的第一天算起

7. 银行存款日记账的保管期限是(　　)。
A. 5年　　B. 10年　　C. 30年　　D. 永久

8. 下列各项中，最低保管期限为10年的会计档案是(　　)。
A. 月度会计报表　　B. 明细账
C. 固定资产卡片　　D. 银行存款日记账

9. 会计凭证的传递是指(　　)，在单位内部有关部门及人员之间的传递程序。
A. 从会计凭证的填制至登记账簿的过程中
B. 从会计凭证的填制或取得时起至归档保管过程中
C. 从会计凭证审核后至归档过程中
D. 从会计凭证的填制或取得至汇总登记账簿的过程中

10. 下列关于会计凭证保管的说法中，不正确的是(　　)。
A. 会计凭证应定期装订成册，防止散失
B. 会计主管人员和保管人员应在封面上签章
C. 原始凭证不得外借，其他单位如有特殊原因确实需要使用时，经本单位会计机构负责人、会计主管人员批准，可以复制
D. 经单位领导批准，会计凭证在保管期满前可以销毁

三、多项选择题

1. 下列各项中，属于会计档案的有(　　)。
A. 会计凭证　　B. 会计账簿　　C. 费用预算　　D. 会计报表

2. 根据《会计档案管理办法》的规定，主管全国会计档案工作的部门有(　　)。
A. 财政部　　B. 税务总局　　C. 国家档案局　　D. 工信部

3. 下列属于会计档案中“其他会计资料”类的有(　　)。
A. 银行对账单　　B. 纳税申报表
C. 会计档案销毁清册　　D. 其他辅助性账簿

4. 下列会计资料中，应当纳入归档范围的有(　　)。
A. 原始凭证　　B. 固定资产卡片
C. 银行对账单　　D. 年度财务会计报告

5. 下列企业会计档案中，最低保管期限为 30 年的有(　　)。

A. 银行存款余额调节表　　B. 总账

C. 会计档案保管清册　　D. 原始凭证

6. 下列有关会计档案保管期限的表述中，正确的有(　　)。

A. 年度财务报告永久保管　　B. 日记账保管 30 年

C. 会计凭证保管 10 年　　D. 总账、明细账保管 30 年

7. 会计档案的保管期限包括有(　　)。

A. 永久　　B. 5 年　　C. 10 年　　D. 30 年

8. 保管期限为永久的会计档案有(　　)。

A. 会计档案保管清册　　B. 会计档案移交清册

C. 会计档案销毁清册　　D. 年度财务报告

9. 最低保管期限为 30 年的会计档案有(　　)。

A. 原始凭证　　B. 总账　　C. 纳税申报表　　D. 年度财务报表

10. 根据会计法律制度的规定，下列会计档案中不得销毁的有(　　)。

A. 保管期未满的会计档案

B. 保管期已满的会计档案

C. 保管期满但未结清的债权债务原始凭证

D. 保管期满但仍有未了事项的原始凭证

技能训练

【核算规则】

1. 采用通用记账凭证填制凭证。
2. 采用记账凭证核算形式登记总账。
3. 存货采用实际成本法核算。
4. 固定资产采用年限平均法计提折旧。
5. 该企业为一般纳税人，增值税税率为13%。
6. 计算数据保留到2位小数。

【训练要求】

1. 填制原始凭证。
2. 编制各经济业务的会计分录。
3. 填制通用记账凭证并装订成册。
4. 登记现金和银行存款日记账。
5. 登记总分类账。
6. 编制资产负债表与利润表。

【核算资料】

一、企业资料

核算企业、企业供应商以及企业客户资料，如表1至表3所示。

表1　　核算企业资料

项目	内容	项目	内容
企业名称	广东韩冬服饰有限公司	开户行及行号	中山市工行沙溪支行(21683)
开户账号(基本存款账户)	61682674052	纳税人识别号	440162256268024
地址	中山市沙溪建设路289号	电话	76327586
法定代表人	韩敬冬	会计主管	郭楚怡
会计	杨欣梅	出纳	谢丽晴(440162198210252652)
备注	广东韩冬服饰有限公司于2002年经中山市国税局认定为一般纳税人		

表 2　　企业供应商资料

名称	开户账号	地址、电话	开户银行	行号	纳税人识别号
广东伟奇布业有限公司	11606313052	广州市工业大道 62 号,56672584	农行工业支行	02736	440101568268026
广东祥丰布业有限公司	41682543357	江门市江会路 172 号,82682584	工行环市支行	22472	440606498268020
广东通达快递有限公司	61658643031	中山市沙溪工业大道 19 号,53697282	工行沙溪支行	21683	440166208268039
广东曼琪纺织有限公司	21629413054	佛山顺德区南国中路 64 号,83682585	建行南国支行	16063	440305307268034
广东嘉意纺织机械有限公司	12934783058	广州市东晓南路 18 号,88396432	工行东晓支行	02059	440106835227028

表 3　　企业客户资料

名称	开户账号	地址、电话	开户银行	行号	纳税人识别号
广东千秋服饰有限公司	11634153054	广州市花城大道 72 号,56637584	工行花城支行	02496	440105564568023
广东秋实服饰有限公司	31676243355	佛山市福贤路 136 号,68682747	中行福贤支行	12532	440303443268027
广东万邦服饰有限公司	13657443035	广州市临江大道 9 号,87697282	建行临江支行	15032	440106208235036
广东千姿服饰有限公司	42934783058	珠海市石花西路 12 号,88396432	工行石花支行	32059	440506835254026
广东祥美服饰有限公司	61722683058	中山市沙溪工业大道 126 号,76315542	中行沙溪支行	25056	440166835268026

二、期初余额

广东韩冬服饰有限公司 2019 年 10 月 31 日总账账户期末余额,如表 4 所示。

表 4　　总账账户期末余额表

2019 年 10 月 31 日　　单位:元

编号	总账账户	借方余额	贷方余额
1001	库存现金	26 800.00	
1002	银行存款	1 181 662.00	
1003	其他货币资金	244 600.00	
1101	交易性金融资产	147 800.00	

（续表）

编号	总账账户	借方余额	贷方余额
1121	应收票据	132 000.00	
1122	应收账款	500 000.00	
1123	预付账款	100 000.00	
1221	其他应收款	10 000.00	
1231	坏账准备		2 500.00
1402	在途物资	20 792.00	
1403	原材料	84 840.00	
1405	库存商品	160 820.00	
1411	周转材料	18 900.00	
1511	长期股权投资	500 000.00	
1601	固定资产	5 762 000.00	
1602	累计折旧		347 500.00
1604	在建工程	466 000.00	
1605	工程物资	60 000.00	
1701	无形资产	210 000.00	
1702	累计摊销		80 000.00
2001	短期借款		1 061 600.00
2201	应付票据		200 000.00
2202	应付账款		907 600.00
2203	预收账款		102 800.00
2211	应付职工薪酬		35 000.00
2221	应交税费		53 462.00
2232	应付股利		64 431.70
2241	其他应付款		25 000.00
2501	长期借款		2 320 000.00
4001	实收资本		1 840 000.00
4002	资本公积		1 400 000.00
4101	盈余公积		750 292.80
4103	本年利润		0
4104	利润分配		436 027.50
	总账账户期末余额合计	9 626 214.00	9 626 214.00

三、预留银行印鉴

广东韩冬服饰有限公司财务专用章	韩敬冬

【经济业务】

1. 2019 年 11 月 1 日，向广东曼琪纺织有限公司购买布料一批，收到增值税专用发票，款项以银行存款支付，布料已验收入库，如表 5 至表 7 所示。

表 5 广东增值税专用发票 No421061441

（全国统一发票监制章 国家税务总局监制 广东）发票联

4408241741 开票日期：2019 年 11 月 01 日

购货单位	名　称：广东韩冬服饰有限公司 纳税人识别号：440162256268024 地址、电话：中山沙溪建设路 289 号 76327586 开户行及账号：工行沙溪支行 61682674052	密码区	（略）

货物或应税劳务、服务名称	规格型号	单位	数量	单价	金　额	税率	税　额
毛料		米	1 000	33.00	33 000.00	13%	4 290.00
棉布		米	2 500	12.50	31 250.00	13%	4 062.50
合　计					￥64 250.00		￥8 352.50
价税合计（大写）	⊗柒万贰仟陆佰零贰圆伍角整				（小写）￥72 602.50		

销货单位	名　称：广东曼琪纺织有限公司 纳税人识别号：440305307268034 地址、电话：佛山顺德南国中路 64 号 83682585 开户行及账号：建行南国支行 21629413054	备注	（广东曼琪纺织有限公司 440305307268034 发票专用章）

收款人：张泽林　　复核：李立华　　开票人：陈红娜　　销货单位：（章）

第三联：发票联 购货方记账凭证

表 6 电 汇 凭 证（回单） 1 No 006890398

第　号　　委托日期　　年　月　日

<table>
<tr><td rowspan="3">汇款人</td><td>全　称</td><td colspan="3"></td><td rowspan="3">收款人</td><td>全　称</td><td colspan="3"></td></tr>
<tr><td>账　号
或住址</td><td colspan="3"></td><td>账　号
或住址</td><td colspan="3"></td></tr>
<tr><td>汇　出
地　点</td><td></td><td>汇出行
名　称</td><td></td><td>汇　入
地　点</td><td></td><td>汇入行
名　称</td><td></td></tr>
<tr><td>金额</td><td>人民币
（大写）</td><td colspan="4"></td><td colspan="4">千 百 十 万 千 百 十 元 角 分</td></tr>
<tr><td colspan="6">汇款用途：</td><td colspan="4" rowspan="2">（汇出行盖章）</td></tr>
<tr><td colspan="6">上列款项已根据委托办理，如需查询，请持此回单来行面谈</td></tr>
</table>

此联汇出行给汇款人的回单

表 7 **收 料 单**

2019 年 11 月 1 日 收字第 01401 号

材料名称	规格型号	单位	应收数量	实收数量	金额(元)
毛料		米	1 000	1 000	33 000.00
棉布		米	2 500	2 500	31 250.00

仓库主管:陈德明 验收:李怡华 收料:朱永材

2. 2019 年 11 月 5 日,向广东祥丰布业有限公司采购布料一批,收到增值税专用发票,款项已付,布料尚未收到,如表 8 和表 9 所示。

表 8 广东增值税专用发票 No 421061401

发票联

4408241741 开票日期:2019 年 11 月 05 日

购货单位	名　称:广东韩冬服饰有限公司 纳税人识别号:440162256268024 地址、电话:中山市沙溪建设路 289 号 76327586 开户行及账号:中山市工行沙溪支行 61682674052	密码区	(略)

货物或应税劳务、服务名称	规格型号	单位	数量	单价	金额	税率	税额
锦纶		米	1 000	9.00	9 000.00	13%	1 170.00
腈纶		米	2 000	13.50	27 000.00	13%	3 510.00
合　计					￥36 000.00		￥4 680.00
价税合计(大写)	⊗肆万零陆佰捌拾圆整						(小写)￥40 680.00

销货单位	名　称:广东祥丰布业有限公司 纳税人识别号:440606498268020 地址、电话:江门市江会路 172 号 82682584 开户行及账号:工行环市支行 41682543357	备注	广东祥丰布业有限公司 440606498268020 发票专用章

第三联:发票联 购货方记账凭证

收款人:张泽林 复核:李立华 开票人:陈红娜 销货单位:(章)

表 9 **电 汇 凭 证 (回单) 1** No 006890401

第　号 委托日期　年　月　日

汇款人	全 称			收款人	全 称	
	账 号 或住址				账 号 或住址	
	汇 出 地 点		汇出行 名　称		汇 入 地 点	汇入行 名　称
金额	人民币 (大写)				千 百 十 万 千 百 十 元 角 分	
汇款用途:						
上列款项已根据委托办理,如需查询,请持此回单来行面谈					(汇出行盖章)	

此联汇出行给汇款人的回单

3. 2019 年 11 月 5 日，收到广东千秋服饰有限公司汇来的货款，如表 10 所示。

表 10 **电汇凭证（收账通知） 4** No 006383941

第 0211 号 委托日期 2019 年 11 月 05 日

<table>
<tr><td rowspan="3">汇款人</td><td>全称</td><td colspan="3">广东千秋服饰有限公司</td><td rowspan="3">收款人</td><td>全 称</td><td colspan="3">广东韩冬服饰有限公司</td></tr>
<tr><td>账 号
或住址</td><td colspan="3">11634153054</td><td>账 号
或住址</td><td colspan="3">61682674052</td></tr>
<tr><td>汇 出
地 点</td><td>广东省广州</td><td>汇出行
名 称</td><td>工行花城支行</td><td>汇 入
地 点</td><td>广东中山</td><td>汇入行
名 称</td><td>工行沙溪支行</td></tr>
<tr><td>金
额</td><td>人民币
（大写）</td><td colspan="4">壹拾贰万元整</td><td colspan="4">千 百 十 万 千 百 十 元 角 分
¥ 1 2 0 0 0 0 0 0</td></tr>
<tr><td colspan="10">汇款用途：支付货款</td></tr>
<tr><td colspan="6">上列款项已根据委托办理，如需查询，请持此回单来行面谈</td><td colspan="4">（汇入行盖章）</td></tr>
</table>

此联汇入行凭以收到汇款

中国工商银行股份有限公司
中山沙溪支行
2019.11.05
办讫章
(2)

4. 2019 年 11 月 5 日，向广东祥丰布业有限公司购买的锦纶、腈纶到达，验收合格入库，如表 11 所示。

表 11 **收 料 单**

2019 年 11 月 5 日 收字第 01402 号

材料名称	规格型号	单位	应收数量	实收数量	金额(元)
锦纶		米	1 000	1 000	9 000.00
腈纶		米	2 000	2 000	27 000.00

仓库主管：陈德明 验收：李怡华 收料：朱永材

5. 2019 年 11 月 5 日，领用材料，投入产品生产，如表 12 和表 13 所示。

表 12 **领 料 单**

用途：生产西服 2019 年 11 月 5 日 领字第 00241 号

材料名称	规格型号	单位	应收数量	实收数量	金额(元)
毛料		米	1 000	1 000	
棉布		米	1 000	1 000	
锦纶		米	1 000	1 000	

仓库主管：陈德明 复核：杨欣梅 发料：朱永材 制单：梁芳

表 13 **领 料 单**

用途：生产针织衫 2019 年 11 月 5 日 领字第 00242 号

材料名称	规格型号	单位	应收数量	实收数量	金额(元)
腈纶		米	2 000	2 000	
棉布		米	1 500	1 500	

仓库主管：陈德明 复核：杨欣梅 发料：朱永材 制单：梁芳

6. 2019 年 11 月 5 日，根据合同向广东千秋服饰有限公司销售西服 200 件，单价 360 元，针织衫 250 件，单价 160 元，开出增值税专用发票，款项已收到，如表 14 至表 17 所示。

表 14

4601041141　　　　**广东增值税专用发票**　　　　No 031137401

此联不作报销、扣税凭证使用

开票日期：　年　月　日

购货单位	名　　称： 纳税人识别号： 地址、电话： 开户行及账号：				密码区	（略）		
货物或应税劳务、服务名称 合　计	规格型号	单位	数　量	单　价	金　额	税率	税　额	
价税合计（大写）	⊗						（小写）	
销货单位	名　　称： 纳税人识别号 地址、电话： 开户行及账号：				备注			

第一联：记账联　销售方记账凭证

收款人：谢丽晴　　复核：杨欣梅　　开票人：王耀林　　销货单位：（章）

表 15

中国工商银行支票（粤）　　　　GS 13853041

出票日期（大写）贰零壹玖 年 壹拾壹月 零伍 日　　　　付款行名称：工行花城支行

收款人：广东韩冬服饰有限公司　　　　出票人账号：11634153054

付款期限自出票之日起十天

人民币（大写）	千	百	十	万	千	百	十	元	角	分
壹拾贰万陆仟伍佰陆拾元整		¥	1	2	6	5	6	0	0	0

用途　支付货款

上列款项请从我账户内支付

出票人签章

广东千秋服饰有限公司财务专用章　　范锐德

密码 ____________

行号 ____________

复核　　记账

附加信息：	被背书人：	被背书人：
	背书人签章 年　月　日	背书人签章 年　月　日

表 16　　　　**中国工商银行进账单　（回　单）　1**

年　月　日

出票人	全　称		收款人	全　称	
	账　号			账　号	
	开户银行			开户银行	
金额	人民币（大写）				亿 千 百 十 万 千 百 十 元 角 分
票据种类		票据张数			
票据号码					
复核　　记账			开户银行盖章		

此联是开户银行交给持（出）票人的回单

表 17　　　　**产品出库单**

2019 年 11 月 5 日　　　　第 3441 号

产品名称	规格	型号	单位	数量	单位成本	金额(元)
西服			件	200		
针织衫			件	250		

仓库主管：陈德明　　复核：杨欣梅　　发货：朱永材　　制单：梁芳

7. 2019 年 11 月 5 日，向广东伟奇布业有限公司购买棉布 1 000 米，亚麻 1 600 米，款项已付，材料已验收入库，如表 18 至表 20 所示。

表 18　　　　**广东增值税专用发票**　　　　No 432363041

发票联

4401281287　　　　开票日期：2019 年 11 月 05 日

购货单位	名　称：广东韩冬服饰有限公司 纳税人识别号：440162256268024 地址、电话：中山市沙溪建设路 289 号 76327586 开户行及账号：中山市工行沙溪支行 61682674052				密码区	（略）	
货物或应税劳务、服务名称	规格型号	单位	数量	单价	金　额	税率	税　额
棉布		米	1 000	13.00	13 000.00	13%	1 690.00
亚麻		米	1 600	15.00	24 000.00	13%	3 120.00
合　计					￥37 000.00		￥4 810.00
价税合计（大写）	⊗肆万壹仟捌佰壹拾圆整					（小写）￥41 810.00	
销货单位	名　称：广东伟奇布业有限公司 纳税人识别号：440101568268026 地址、电话：广州市工业大道 62 号 56672584 开户行及账号：农行工业支行 11606313052				备注	广东伟奇布业有限公司 440101568268026 发票专用章	

收款人：张佳纯　　复核：李丽芬　　开票人：尚晓娜　　销货单位：（章）

第三联：发票联　购货方记账凭证

表 19

中国工商银行支票存根(粤)

GS 02034041

附加信息

出票日期 年 月 日

收款人:

金 额:

用 途:

单位主管 会计

付款期限自出票之日起十天

中国工商银行支票(粤) GS 02034041

出票日期(大写) 年 月 日 付款行名称:

收款人: 出票人账号:

人民币(大 写)	千	百	十	万	千	百	十	元	角	分

用途 密码

行号

上列款项请从我账户内支付

出票人签章

广东韩冬服饰有限公司财务专用章

韩敬冬

复核 记账

被背书人	被背书人	附加信息:
背书人签章 年 月 日	背书人签章 年 月 日	

(粘贴单处)

根据《中华人民共和国票据法》等法律法规的规定,签发空头支票由中国人民银行处以票面金额5%但不低于1 000元的罚款。

表 20

收 料 单

2019 年 11 月 5 日 收字第 01403 号

材料名称	规格型号	单位	应收数量	实收数量	金额(元)
棉布		米	1 000	1 000	13 000.00
亚麻		米	1 600	1 600	24 000.00

仓库主管:陈德明 验收:李怡华 收料:朱永材

8. 2019 年 11 月 7 日,向广东祥丰布业有限公司采购布料一批,收到增值税专用发票,以商业承兑汇票支付,布料已收到,如表 21 至表 23 所示。

表 21

广东增值税专用发票

发票联

4408241741　　　　No 421061341

开票日期：2019 年 11 月 07 日

购货单位	名　称：广东韩冬服饰有限公司 纳税人识别号：440162256268024 地址、电话：中山市沙溪建设路 289 号 76327586 开户行及账号：中山市工行沙溪支行 61682674052				密码区	（略）	
货物或应税劳务、服务名称	规格型号	单位	数量	单价	金　额	税率	税　额
锦纶		米	1 500	8.50	12 750.00	13%	1 657.50
涤纶		米	1 600	11.00	17 600.00	13%	2 288.00
合　计					¥30 350.00		¥3 945.50
价税合计（大写）	⊗叁万肆仟贰佰玖拾伍圆伍角整						（小写）¥34 295.50
销货单位	名　称：广东祥丰布业有限公司 纳税人识别号：440606498268020 地址、电话：江门市江会路 172 号 82682584 开户行及账号：工行环市支行 41682543357				备注	广东祥丰布业有限公司 440606498268020 发票专用章	

收款人：张泽林　　复核：李立华　　开票人：陈红娜　　销货单位：（章）

第三联：发票联　购货方记账凭证

表 22

商业承兑汇票　3

出票日期（大写）：贰零壹玖年壹拾壹月零柒日　　汇票号码：0136341

付款人	全　称	广东韩冬服饰有限公司	收款人	全　称	广东祥丰布业有限公司	
	账　号	61682674052		账　号	41682543357	
	开户银行	中山市工行沙溪支行		开户银行	工行环市支行	行号 22472
出票金额	人民币（大写）	叁万肆仟贰佰玖拾伍元伍角整			亿千百十万千百十元角元	¥3 4 2 9 5 5 0
汇票到期日（大写）	贰零壹玖年壹拾贰月零柒日		付款人开户行	行号	21683	
交易合同号码	T04841			地址	中山市沙溪建设路 289 号	
本汇票已经承兑，到期无条件支付票款。 韩敬冬　广东韩冬服饰有限公司财务专用章 承兑人签章 2019 年 11 月 7 日			本汇票请予以承兑于到期日付款。 广东韩冬服饰有限公司财务专用章　韩敬冬 出票人签章			

此联签发人（出票人）留存

表 23

收　料　单

2019 年 11 月 7 日　　收字第 01404 号

材料名称	规格型号	单位	应收数量	实收数量	金额（元）
锦纶		米	1 500	1 500	12 750.00
涤纶		米	1 600	1 600	17 600.00

仓库主管：陈德明　　验收：李怡华　　收料：朱永材

9. 2019 年 11 月 8 日，收到广东祥美服饰有限公司支付的前欠货款，如表 24 和表 25 所示。

表 24

中国银行支票（粤） GS 03865436

付款期限自出票之日起十天	出票日期（大写）贰零壹玖 年 壹拾壹月零捌日 收款人：广东韩冬服饰有限公司	付款行名称：中行沙溪支行 出票人账号：61722683058
	人民币（大写） 捌万元整	千百十万千百十元角分 ¥ 8 0 0 0 0 0 0
	用途 支付货款 上列款项请从我账户内支付 出票人签章 广东祥美服饰有限公司财务专用章 李建祥	密码 行号 复核 记账

附加信息：	被背书人：	被背书人：
	背书人签章 年 月 日	背书人签章 年 月 日

表 25 **中国工商银行进账单 （回 单） 1**

年 月 日

出票人	全 称		收款人	全 称	
	账 号			账 号	
	开户银行			开户银行	
金额	人民币（大写）				亿千百十万千百十元角分
票据种类		票据张数			
票据号码					
复核 记账				开户银行盖章	

此联是开户银行交给持（出）票人的回单

10. 2019 年 11 月 8 日，根据合同向广东秋实服饰有限公司销售衬衫 300 件，单价 90 元，风衣 250 件，单价 200 元，开出增值税专用发票，款项已收妥，如表 26 至表 28 所示。

表 26

广东增值税专用发票

No 031137402

此联不作报销、扣税凭证使用

4601041141　　　　开票日期：　年　月　日

<table>
<tr><td>购货单位</td><td colspan="5">名　　称：
纳税人识别号：
地址、电话：
开户行及账号：</td><td>密码区</td><td colspan="3">（略）</td></tr>
<tr><td colspan="2">货物或应税劳务、服务名称</td><td>规格型号</td><td>单位</td><td>数　量</td><td>单　价</td><td>金　额</td><td>税率</td><td>税　额</td><td></td></tr>
<tr><td colspan="2">合　计</td><td></td><td></td><td></td><td></td><td></td><td></td><td></td><td></td></tr>
<tr><td colspan="2">价税合计（大写）</td><td colspan="8">⊗　　　　（小写）</td></tr>
<tr><td>销货单位</td><td colspan="5">名　　称：
纳税人识别号
地址、电话：
开户行及账号：</td><td>备注</td><td colspan="3"></td></tr>
</table>

第一联：记账联　销货方记账凭证

收款人：谢丽晴　　复核：杨欣梅　　开票人：王耀林　　销货单位：（章）

表 27

电 汇 凭 证（收账通知） 4

No 006843941

第 0401 号　　　　委托日期 2019 年 11 月 08 日

<table>
<tr><td rowspan="3">汇款人</td><td>全称</td><td colspan="3">广东秋实服饰有限公司</td><td rowspan="3">收款人</td><td>全 称</td><td colspan="3">广东韩冬服饰有限公司</td></tr>
<tr><td>账 号
或住址</td><td colspan="3">31676243355</td><td>账 号
或住址</td><td colspan="3">61682674052</td></tr>
<tr><td>汇 出
地 点</td><td>广东省佛山</td><td>汇出行
名　称</td><td>中行福贤支行</td><td>汇 入
地 点</td><td>广东
中山</td><td>汇入行
名　称</td><td>工行
沙溪支行</td></tr>
<tr><td rowspan="2">金额</td><td rowspan="2">人民币
（大写）</td><td colspan="7" rowspan="2">捌万柒仟零壹拾元整</td><td>千 百 十 万 千 百 十 元 角 分</td></tr>
<tr><td>¥ 8 7 0 1 0 0 0</td></tr>
<tr><td colspan="6">汇款用途：支付货款</td><td colspan="4" rowspan="2">（汇入行盖章）</td></tr>
<tr><td colspan="6">上列款项已根据委托办理，如需查询，请持此回单来行面谈</td></tr>
</table>

（印章：中国工商银行股份有限公司 中山沙溪支行 2019.11.08 办讫章 (2)）

此联汇入行凭以收到汇款

表 28

产品出库单

2019 年 11 月 8 日　　　　第 3442 号

产品名称	规格	型号	单位	数量	单位成本	金额(元)
衬衫			件	300		
风衣			件	250		

仓库主管：陈德明　　复核：杨欣梅　　发货：朱永材　　制单：梁芳

11. 2019 年 11 月 9 日，领用材料，投入产品生产，表 29 和表 30 所示。

表 29 **领　料　单**

用途：生产衬衫　　2019 年 11 月 9 日　　领字第 00243 号

材料名称	规格型号	单位	应收数量	实收数量	金额(元)
锦纶		米	1 500	1 500	
棉布		米	1 000	1 000	

仓库主管：陈德明　　复核：杨欣梅　　发料：朱永材　　制单：梁芳

表 30 **领　料　单**

用途：生产风衣　　2019 年 11 月 9 日　　领字第 00244 号

材料名称	规格型号	单位	应收数量	实收数量	金额(元)
亚麻		米	1 600	1 600	
涤纶		米	1 600	1 600	

仓库主管：陈德明　　复核：杨欣梅　　发料：朱永材　　制单：梁芳

12. 2019 年 11 月 14 日，产品完工，验收合格入库，如表 31 和表 32 所示。

表 31 **产成品入库单**

2019 年 11 月 14 日　　收字第 401 号

产品名称	规格型号	单位	应收数量	实收数量	金额(元)
西服		件	520	520	

仓库主管：陈德明　　复核：朱永材　　验收：李怡华　　制单：梁芳

表 32 **产成品入库单**

2018 年 11 月 14 日　　收字第 402 号

产品名称	规格型号	单位	应收数量	实收数量	金额(元)
针织衫		件	1 000	1 000	

仓库主管：陈德明　　复核：朱永材　　验收：李怡华　　制单：梁芳

13. 2019 年 11 月 15 日，根据合同向广东万邦服饰有限公司销售西服 500 件，单价 360 元，针织衫 800 件，单价 160 元。开出增值税专用发票，款项已收妥，如表 33 至表 35 所示。

表 33

广东增值税专用发票

4601041141　　　　　　　　No 031137403

此联不作报销、扣税凭证使用　　　　开票日期：　年　月　日

购货单位	名　　称： 纳税人识别号： 地址、电话： 开户行及账号：					密码区	（略）	
货物或应税劳务、服务名称	规格型号	单位	数量	单价	金　额	税率	税　额	
合　计								
价税合计（大写）	⊗					（小写）		
销货单位	名　　称： 纳税人识别号 地址、电话： 开户行及账号：					备注		

第一联：记账联　销货方记账凭证

收款人：谢丽晴　　复核：杨欣梅　　开票人：王耀林　　销货单位：（章）

表 34

托收凭证（收账通知）　4

委托日期：　年　月　日　　付款期限　年　月　日

业务类型	委托收款（□邮划、□电划）　托收承付（□邮划、☑电划）							
付款人	全　称			收款人	全　称			
	账　号				账　号			
	地　址	省　市县	开户行		地　址	省　市县	开户行	
金额	人民币（大写）					亿千百十万千百十元角分		
款项内容		托收凭据名称		附寄单证张数				
商品发运情况				合同名称号码				
备注： 复核　记账		款项收妥日期： 年　月　日		中国工商银行股份有限公司 中山沙溪支行 2019.11.15 办讫章 (4) 收款人开户银行签章				

此联作收款人开户银行给收款人的收账通知

表 35

产品出库单

2019 年 11 月 15 日　　　　第 3443 号

产品名称	规格	型号	单位	数量	单位成本	金额（元）
西服			件	500		
针织衫			件	800		

仓库主管：陈德明　　复核：杨欣梅　　发货：朱永材　　制单：梁芳

14. 2019 年 11 月 15 日，向广东伟奇布业有限公司购买毛料 900 米，棉布 2 700 米，亚麻 1 200 米，款项以银行承兑汇票支付，如表 36 至表 38 所示。

表 36

广东增值税专用发票

4401281287　　　　　　　　　　No 432363041

开票日期：2019 年 11 月 15 日

购货单位	名　称：广东韩冬服饰有限公司 纳税人识别号：440162256268024 地址、电话：中山市沙溪建设路 289 号 76327586 开户行及账号：中山市工行沙溪支行 61682674052					密码区	（略）
货物或应税劳务、服务名称	规格型号	单位	数量	单价	金　额	税率	税　额
毛料		米	900	34.00	30 600.00	13%	3 978.00
棉布		米	2 700	11.50	31 050.00	13%	4 036.50
亚麻		米	1 200	17.00	20 400.00	13%	2 652.00
合　计					￥82 050.00		￥10 666.50
价税合计（大写）	⊗玖万贰仟柒佰壹拾陆圆伍角整						（小写）￥92 716.50
销货单位	名　称：广东伟奇布业有限公司 纳税人识别号：440101568268026 地址、电话：广州市工业大道 62 号 56672584 开户行及账号：农行工业支行 11606313052					备注	广东伟奇布业有限公司 440101568268026 发票专用章

收款人：张佳纯　　复核：李丽芬　　开票人：尚晓娜　　销货单位：（章）

第三联：发票联 购货方记账凭证

表 37

银行承兑汇票　4

出票日期（大写）：贰零壹玖年壹拾壹月壹拾伍日　　汇票号码：0143892

出票人全称	广东韩冬服饰有限公司	收款人	全　称	广东伟奇布业有限公司	
出票人账号	61682674052		账　号	11606313052	
付款行全称	中山市工行沙溪支行		开户银行	农行工业支行	行号 02736
出票金额	人民币（大写）玖万贰仟柒佰壹拾陆元伍角整			亿千百十万千百十元角分	￥9 2 7 1 6 5 0
汇票到期日（大写）	贰零壹玖年壹拾贰月壹拾伍日	付款行	行号	21683	
承兑协议编号	0020119441		地址	中山市沙溪建设路 289 号	
本汇票请你行承兑，此项汇票款我单位承兑协议于到期日前足额交存银行，到期请予以支付。 广东韩冬服饰有限公司财务专用章　韩敬冬 出票人签章		本汇票已承兑，到期由本行承付。 承兑行签章： 承兑日期：2019.11.15 备注：		中国工商银行银行承兑汇票专用章 440162678268453　复核　记账	

此联作为签发单位记账凭证附件

表 38

收 料 单

2019 年 11 月 15 日　　　　收字第 01405 号

材料名称	规格型号	单位	应收数量	实收数量	金额(元)
毛料		米	900	900	30 600.00
棉布		米	2 700	2 700	31 050.00
亚麻		米	1 200	1 200	20 400.00

仓库主管:陈德明　　　　验收:李怡华　　　　收料:朱永材

15. 2019 年 11 月 19 日,向广东祥丰布业有限公司采购布料一批,收到增值税专用发票,开出支票支付材料款,布料已收到,如表 39 至表 41 所示。

表 39

广东增值税专用发票

发票联

4408241741　　　　No 421061404

开票日期:2019 年 11 月 19 日

<table>
<tr><td>购货单位</td><td colspan="5">名　称:广东韩冬服饰有限公司
纳税人识别号:440162256268024
地址、电话:中山市沙溪建设路 289 号 76327586
开户行及账号:中山市工行沙溪支行 61682674052</td><td>密码区</td><td colspan="2">(略)</td></tr>
<tr><td colspan="2">货物或应税劳务、服务名称</td><td>规格型号</td><td>单位</td><td>数量</td><td>单价</td><td>金　额</td><td>税率</td><td>税　额</td></tr>
<tr><td colspan="2">锦纶</td><td></td><td>米</td><td>2 300</td><td>8.50</td><td>19 550.00</td><td>13%</td><td>2 541.50</td></tr>
<tr><td colspan="2">腈纶</td><td></td><td>米</td><td>1 100</td><td>13.00</td><td>14 300.00</td><td>13%</td><td>1 895.00</td></tr>
<tr><td colspan="2">涤纶</td><td></td><td>米</td><td>1 200</td><td>10.50</td><td>12 600.00</td><td>13%</td><td>1 638.00</td></tr>
<tr><td colspan="2">合　计</td><td></td><td></td><td></td><td></td><td>¥46 450.00</td><td></td><td>¥6 038.50</td></tr>
<tr><td colspan="2">价税合计(大写)</td><td colspan="7">⊗伍万贰仟肆佰捌拾捌圆伍角整　　(小写)¥52 488.50</td></tr>
<tr><td>销货单位</td><td colspan="5">名　称:广东祥丰布业有限公司
纳税人识别号:440606498268020
地址、电话:江门市江会路 172 号 82682584
开户行及账号:工行环市支行 41682543357</td><td>备注</td><td colspan="2">广东祥丰布业有限公司
440606498268020
发票专用章</td></tr>
</table>

第三联:发票联 购货方记账凭证

收款人:张泽林　　　　复核:李立华　　　　开票人:陈红娜　　　　销货单位:(章)

表 40

中国工商银行支票存根(粤)
GS 02034042
附加信息

出票日期 年 月 日

收款人:
金 额:
用 途:

单位主管 会计

付款期限自出票之日起十天

中国工商银行支票(粤) GS 02034042

出票日期(大写) 年 月 日 付款行名称:
收款人: 出票人账号:

人民币(大 写)	千	百	十	万	千	百	十	元	角	分

用途 密码
行号

上列款项请从我账户内支付
出票人签章

广东韩冬服饰有限公司财务专用章

韩敬冬

复核 记账

被背书人	被背书人	附加信息:
背书人签章 年 月 日	背书人签章 年 月 日	

(粘贴单处)

根据《中华人民共和国票据法》等法律法规的规定,签发空头支票由中国人民银行处以票面金额 5% 但不低于 1 000 元的罚款。

表 41

收 料 单

2019 年 11 月 19 日 收字第 01406 号

材料名称	规格型号	单位	应收数量	实收数量	金额(元)
锦纶		米	2 300	2 300	19 550.00
腈纶		米	1 100	1 100	14 300.00
涤纶		米	1 200	1 200	12 600.00

仓库主管:陈德明 验收:李怡华 收料:朱永材

16. 2019 年 11 月 19 日,领用材料,投入产品生产,如表 42 和表 43 所示。

表 42

领 料 单

用途:生产西服 2019 年 11 月 19 日 领字第 00245 号

材料名称	规格型号	单位	应收数量	实收数量	金额(元)
毛料		米	840	840	
棉布		米	840	840	
锦纶		米	840	840	

仓库主管:陈德明 复核:杨欣梅 发料:朱永材 制单:梁芳

表 43

领　料　单

用途:生产针织衫　　2019 年 11 月 19 日　　领字第 00246 号

材料名称	规格型号	单位	应收数量	实收数量	金额(元)
腈纶		米	1 120	1 120	
棉布		米	840	840	

仓库主管:陈德明　　复核:杨欣梅　　发料:朱永材　　制单:梁芳

17. 2019 年 11 月 19 日,产品完工,验收合格入库,如表 44 所示。

表 44

产成品入库单

2018 年 11 月 19 日　　收字第 403 号

产品名称	规格型号	单位	应收数量	实收数量	金额(元)
衬衫		件	1 050	1 050	
风衣		件	800	800	

仓库主管:陈德明　　复核:朱永材　　验收:李怡华　　制单:梁芳

18. 2019 年 11 月 20 日,领用材料,投入产品生产,如表 45 和表 46 所示。

表 45

领　料　单

用途:生产衬衫　　2019 年 11 月 20 日　　领字第 00248 号

材料名称	规格型号	单位	应收数量	实收数量	金额(元)
锦纶		米	1 425	1 425	
棉布		米	950	950	

仓库主管:陈德明　　复核:杨欣梅　　发料:朱永材　　制单:梁芳

表 46

领　料　单

用途:生产风衣　　2019 年 11 月 20 日　　领字第 00249 号

材料名称	规格型号	单位	应收数量	实收数量	金额(元)
亚麻		米	1 160	1 160	
涤纶		米	1 160	1 160	

仓库主管:陈德明　　复核:杨欣梅　　发料:朱永材　　制单:梁芳

19. 2019 年 11 月 20 日,根据合同向广东千姿服饰有限公司销售衬衫 1 000 件,单价 88 元,风衣 800 件,单价 195 元,开出增值税专用发票,款项未收,表 47 和表 48 所示。

表 47

广东增值税专用发票

此联不作报销、扣税凭证使用

4601041141　　　　　　　　　　　　　　№ 031137404

开票日期：　年　月　日

购货单位	名　称： 纳税人识别号： 地址、电话： 开户行及账号：				密码区	（略）		
货物或应税劳务、服务名称	规格型号	单位	数量	单价	金　额	税率	税　额	
合　计								
价税合计（大写）	⊗					（小写）		
销货单位	名　称： 纳税人识别号： 地址、电话： 开户行及账号：				备注			

第一联：记账联　销货方记账凭证

收款人：谢丽晴　　复核：杨欣梅　　开票人：王耀林　　销货单位：（章）

表 48

产品出库单

2019 年 11 月 20 日　　　　　　　　第 3444 号

产品名称	规格	型号	单位	数量	单位成本	金额(元)
衬衫			件	1 000		
风衣			件	800		

仓库主管：陈德明　　复核：杨欣梅　　发货：朱永材　　制单：梁芳

20. 2019 年 11 月 22 日，支付前欠广东嘉意纺织机械有限公司的设备款 250 000 元，如表 49 所示。

表 49

电 汇 凭 证（回单） 1　　　　№ 006890402

第　号　　　　　　　　委托日期　　年　月　日

汇款人	全　称				收款人	全　称											
	账　号 或住址					账　号 或住址											
	汇　出 地　点		汇出行 名　称			汇　入 地　点		汇入行 名　称									
金额	人民币 （大写）					千	百	十	万	千	百	十	元	角	分		
汇款用途：																	
上列款项已根据委托办理，如需查询，请持此回单来行面谈						（汇出行盖章）											

此联汇出行给汇款人的回单

21. 2019 年 11 月 22 日，产品完工，验收合格入库，如表 50 所示。

表 50 **产成品入库单**

2019 年 11 月 22 日　　　　收字第 405 号

产品名称	规格型号	单位	应收数量	实收数量	金额(元)
西服		件	380	380	
针织衫		件	600	600	
衬衫		件	850	850	

仓库主管：陈德明　　复核：朱永材　　验收：李怡华　　制单：梁芳

22. 2019 年 11 月 26 日，根据合同向广东千秋服饰有限公司销售西服 300 件，单价 362 元，针织衫 550 件，单价 156 元，开出增值税专用发票，如表 51 至表 54 所示。

表 51 **广东增值税专用发票**

此联不作报销、扣税凭证使用

4601041141　　　　No 031137406

开票日期：　年　月　日

<table>
<tr><td>购货单位</td><td colspan="5">名　称：
纳税人识别号：
地址、电话：
开户行及账号：</td><td>密码区</td><td colspan="2">(略)</td></tr>
<tr><td colspan="2">货物或应税劳务、服务名称

合　计</td><td>规格型号</td><td>单位</td><td>数量</td><td>单价</td><td>金　额</td><td>税率</td><td>税　额</td></tr>
<tr><td colspan="2">价税合计(大写)</td><td colspan="7">⊗　　　　(小写)</td></tr>
<tr><td>销货单位</td><td colspan="5">名　称：
纳税人识别号：
地址、电话：
开户行及账号：</td><td>备注</td><td colspan="2"></td></tr>
</table>

第一联：记账联　销货方记账凭证

收款人：谢丽晴　　复核：杨欣梅　　开票人：王耀林　　销货单位：(章)

表 52 **产品出库单**

2019 年 11 月 26 日　　　　第 3445 号

产品名称	规格	型号	单位	数量	单位成本	金额(元)
西服			件	300		
针织衫			件	550		

仓库主管：陈德明　　复核：杨欣梅　　发货：朱永材　　制单：梁芳

表 53

中国工商银行支票(粤)		GS 13853441
出票日期(大写)贰零壹玖 年壹拾壹月贰拾陆日 收款人:广东韩冬服饰有限公司		付款行名称:工行花城支行 出票人账号:11634153054
付款期限自出票之日起十天	人民币(大写) 贰拾壹万玖仟陆佰柒拾贰元整	千百十万千百十元角分 ¥ 2 1 9 6 7 2 0 0
	用途 支付货款 上列款项请从我账户内支付 出票人签章 广东千秋服饰有限公司财务专用章 范锐德	密码 行号 复核 记账

附加信息:	被背书人:	被背书人:
	背书人签章 年 月 日	背书人签章 年 月 日

表 54

中国工商银行进账单 (回 单) 1

年 月 日

出票人	全 称		收款人	全 称	
	账 号			账 号	
	开户银行			开户银行	
金额	人民币(大写)			亿千百十万千百十元角分	
票据种类		票据张数			
票据号码					
复核	记账			开户银行盖章	

此联是开户银行交给持(出)票人的回单

23. 2019 年 11 月 26 日,产品完工,验收合格入库,如表 55 所示。

表 55

产成品入库单

2019 年 11 月 26 日 收字第 408 号

产品名称	规格型号	单位	应收数量	实收数量	金额(元)
风衣		件	600	600	

仓库主管:陈德明 复核:朱永材 验收:李怡华 制单:梁芳

24. 2019 年 11 月 28 日，根据合同向广东秋实服饰有限公司销售衬衫 500 件，单价为 89 元，风衣 250 件，单价 205 元，收到秋实公司开出的银行承兑汇票，如表 56 至表 58 所示。

表 56

广东增值税专用发票

此联不作报销、扣税凭证使用

4601041141　　　　No 031137307

开票日期：　年　月　日

购货单位	名　称： 纳税人识别号： 地址、电话： 开户行及账号：				密码区	（略）	
货物或应税劳务、服务名称	规格型号	单位	数量	单价	金　额	税率	税　额
合　计							
价税合计（大写）	⊗				（小写）		
销货单位	名　称： 纳税人识别号： 地址、电话： 开户行及账号：				备注		

收款人：谢丽晴　　复核：杨欣梅　　开票人：王耀林　　销货单位：（章）

第一联：记账联 销货方记账凭证

表 57

银行承兑汇票　2

出票日期（大写）：贰零壹玖年壹拾壹月贰拾捌日　　汇票号码：0143896

出票人全称	广东秋实服饰有限公司	收款人	全　称	广东韩冬服饰有限公司												
出票人账号	31676243355		账　号	61682674052												
付款行全称	中行福贤支行		开户银行	工行沙溪支行	行号	21683										
出票金额	人民币（大写）　壹拾万捌仟壹佰玖拾柒元伍角整					亿	千	百	十	万	千	百	十	元	角	元
								¥	1	0	8	1	9	7	5	0
汇票到期日（大写）	贰零壹玖年壹拾贰月贰拾捌日	付款行	行号	12532												
承兑协议编号	0020236436		地址	佛山市福贤路 136 号												
本汇票请你行承兑，此项汇票款我单位承兑协议于到期日前足额交存银行，到期请予以支付。 陈婉秋　广东秋实服饰有限公司财务专用章 出票人签章		本汇票已承兑，到期由本行承付。 承兑行签章： 承兑日期：2019.11.28 备注：			中国银行银行承兑汇票专用章 复核　记账 440303443265436											

此联作为收款单位记账凭证附件

表 58 **产品出库单**

2019 年 11 月 28 日 第 3446 号

产品名称	规格	型号	单位	数量	单位成本	金额(元)
衬衫			件	500		
风衣			件	250		

仓库主管:陈德明 复核:杨欣梅 发货:朱永材 制单:梁芳

25. 2019 年 11 月 30 日,计算发出材料成本,发出材料单位成本如下,毛料 33 元、棉布 12 元、锦纶 9 元、腈纶 13.5 元、亚麻 16 元、涤纶 10.5 元,如表 59 所示。

表 59 **发出材料成本汇总表**

2019 年 11 月 30 日 单位:元

部门/用途	毛料			棉布			锦纶			腈纶			亚麻			涤纶			合计
	数量	单价	金额	数量	单价	金额	数量	单价	金额	数量	单价	金额	数量	单价	金额	数量	单价	金额	
西服																			
衬衫																			
针织衫																			
风衣																			
合计																			

会计主管:郭楚怡 复核:杨欣梅 制表:谢丽晴

26. 2019 年 11 月 30 日,计算分配本月工资费用,如表 60 所示。

表 60 **工资结算汇总表**

2019 年 11 月 单位:元

部门或用途	基本工资	加班工资	津贴补贴	奖金	应付工资	代扣款	实发工资
生产西服	24 192.00	7 480.00	10 676.80	11 938.20	54 287.00		
生产针织衫	22 464.00	5 364.00	8 785.00	10 810.00	47 423.00		
生产衬衫	12 664.00	3 564.00	6 785.00	7 810.00	30 823.00		
生产风衣	25 192.00	7 180.00	10 876.90	12 038.10	55 287.00		
车间管理人员	11 236.00	1 759.60	6 406.20	2 172.20	21 574.00		
行政管理人员	11 052.00	1 918.00	3 877.00	2 183.00	19 030.00		
销售人员	14 384.00	2 786.30	2 164.50	1 658.20	20 993.00		
合计	121 184.00	30 051.90	49 571.40	48 609.70	249 417.00		

会计主管:郭楚怡 复核:杨欣梅 制表:谢丽晴

27. 2019 年 11 月 30 日，计算分配本月电费，如表 61 所示。

表 61 **电费分配表**

2019 年 11 月

部门或用途	用电量(度)	单价(元/度)	应分配电费(元)
生产西服	19 980	2.00	
生产针织衫	17 760	2.00	
生产衬衫	8 436	2.00	
生产风衣	18 648	2.00	
车间管理	2 860	2.00	
行政管理	1 620	2.00	
销售机构	2 676	2.00	
合计	71 980	2.00	

会计主管:郭楚怡　　复核:杨欣梅　　制表:谢丽晴

28. 2019 年 11 月 30 日，计算分配本月水费，如表 62 所示。

表 62 **水费分配表**

2019 年 11 月

部门或用途	用水量(吨)	单价(元/吨)	应分配水费(元)
生产西服	450	4.00	
生产针织衫	400	4.00	
生产衬衫	190	4.00	
生产风衣	420	4.00	
车间管理	166	4.00	
行政管理	106	4.00	
销售机构	124	4.00	
合计	1 856	4.00	

会计主管:郭楚怡　　复核:杨欣梅　　制表:谢丽晴

29. 2019 年 11 月 30 日，计提本月固定资产折旧，如表 63 所示。

表 63 **折旧计算表**

2019 年 11 月　　单位:元

固定资产类型	固定资产价值	月折旧率	月折旧额
生产用固定资产	4 168 000.00	0.85%	35 428.00
非生产用固定资产	1 594 000.00	0.55%	8 767.00
合计	5 762 000.00	—	44 195.00

会计主管:郭楚怡　　复核:杨欣梅　　制表:谢丽晴

30. 2019 年 11 月 30 日，分配结转本月制造费用，如表 64 所示。

表 64 **制造费用分配表**

2019 年 11 月

产品项目	分配标准(工时)	分配率(元/工时)	分配金额(元)
生产西服	1 600		
生产针织衫	1 400		
生产衬衫	800		
生产风衣	1 200		
合计	5 000		

会计主管:郭楚怡　　复核:杨欣梅　　制表:谢丽晴

31. 2019 年 11 月 30 日，本月投入产品全部完工入库，计算本月完工产品成本，如表 65 至表 68 所示。

表 65 **完工产品成本计算单**

2019 年 11 月 30 日　　单位:元

产品名称:西服 (件)　　完工产品数量:

项目	直接材料	直接人工	电费	水费	制造费用	合计
期初在产品成本						
本月生产费用						
生产费用合计						
完工产品成本						
期末在产品成本						
单位成本						

会计主管:郭楚怡　　复核:杨欣梅　　制表:谢丽晴

表 66 **完工产品成本计算单**

2019 年 11 月 30 日　　单位:元

产品名称:针织衫 (件)　　完工产品数量:

项目	直接材料	直接人工	电费	水费	制造费用	合计
期初在产品成本						
本月生产费用						
生产费用合计						
完工产品成本						
期末在产品成本						
单位成本						

会计主管:郭楚怡　　复核:杨欣梅　　制表:谢丽晴

表 67 **完工产品成本计算单**

2019 年 11 月 30 日 单位:元

产品名称:衬衫(件) 完工产品数量:

项目	直接材料	直接人工	电费	水费	制造费用	合计
期初在产品成本						
本月生产费用						
生产费用合计						
完工产品成本						
期末在产品成本						
单位成本						

会计主管:郭楚怡 复核:杨欣梅 制表:谢丽晴

表 68 **完工产品成本计算单**

2019 年 11 月 30 日 单位:元

产品名称:风衣(件) 完工产品数量:

项目	直接材料	直接人工	电费	水费	制造费用	合计
期初在产品成本						
本月生产费用						
生产费用合计						
完工产品成本						
期末在产品成本						
单位成本						

会计主管:郭楚怡 复核:杨欣梅 制表:谢丽晴

32. 2019 年 11 月 30 日,计算并结转本月产品销售成本,发出产品单位成本分别为:西服 236 元、针织衫 105 元、衬衫 55 元、风衣 130 元,如表 69 所示。

表 69 **产品销售成本汇总表**

2019 年 11 月 单位:元

产品名称	计量单位	销售量	单位成本	总成本
合计				

会计主管:郭楚怡 会计:杨欣梅 制单:梁芳

33. 2019 年 11 月 30 日,计算本月应交城市维护建设税(7%)和教育费附加(3%),如表 70

所示。

表 70　　　　税费计算表

2019 年 11 月 30 日　　　　单位:元

税(费)种	计税基数	税(费)率	税(费)额	备注
城市维护建设税				
教育费附加				
合计				

会计主管:郭楚怡　　　　会计:杨欣梅　　　　制单:梁芳

34. 2019 年 11 月 30 日,结转本月损益类账户,如表 71 至表 73 所示。

表 71　　　　损益类账户发生额表(结转到本年利润前)

2019 年 11 月　　　　单位:元

收入类账户	借方发生额	贷方发生额	费用类账户	借方发生额	贷方发生额
合计			合计		

会计主管:郭楚怡　　　　会计:杨欣梅　　　　制单:梁芳

表 72　　　　内部转账单

2019 年 11 月 30 日　　　　转字第 402 号

摘要	结转科目			转入科目		
	总账科目	明细科目	金额(元)	总账科目	明细科目	金额(元)
结转收入类账户						
合计						

会计主管:郭楚怡　　　　会计:杨欣梅　　　　制单:梁芳

表 73

内部转账单

2019 年 11 月 30 日　　　　转字第 403 号

摘要	结转科目			转入科目		
	总账科目	明细科目	金额(元)	总账科目	明细科目	金额(元)
结转费用类账户						
合计						

会计主管:郭楚怡　　　　会计:杨欣梅　　　　制单:梁芳

35. 2019 年 11 月 30 日,计算并结转本月应交所得税,企业所得税税率为 25%,如表 74 和表 75 所示。

表 74

税费计算表

2019 年 11 月 30 日　　　　单位:元

税(费)种	计税基数	税(费)率	税(费)额	备注
所得税				
合计				

会计主管:郭楚怡　　　　会计:杨欣梅　　　　制单:梁芳

表 75

内部转账单

2019 年 11 月 30 日　　　　转字第 404 号

摘要	结转科目			转入科目		
	总账科目	明细科目	金额(元)	总账科目	明细科目	金额(元)
结转所得税费用						
合计						

会计主管:郭楚怡　　　　会计:杨欣梅　　　　制单:梁芳

36. 2019 年 11 月 30 日，结转“本年利润”账户余额到“利润分配——未分配利润”账户，如表 76 所示。

表 76

内部转账单

2019 年 11 月 30 日　　转字第 405 号

摘要	结转科目			转入科目		
	总账科目	明细科目	金额(元)	总账科目	明细科目	金额(元)
结转本年利润账户余额						
合计						

会计主管:郭楚怡　　会计:杨欣梅　　制单:梁芳

【综合训练】

综合训练一

一、单项选择题(本题共 30 题,每小题 2 分,共 60 分)

1. 会计的基本职能是(　　)。

A. 预测和决策　　B. 核算和监督

C. 管理生产和经营活动　　D. 分析和考核

2. 每一项经济业务的发生,都会影响(　　)项目发生增减变化。

A. 一个　　B. 两个

C. 两个或两个以上　　D. 一个或一个以上

3. 确定本期收入和费用的原则是(　　)

A. 权责发生制原则　　B. 历史成本计价原则

C. 配比性原则　　D. 划分收益性支出和资本性支出原则

4. 以银行存款向国家交纳税费,所引起的变动为(　　)。

A. 一项资产减少,一项所有者权益减少　　B. 一项资产增加,一项资产减少

C. 一项所有者权益增加,一项负债减少　　D. 一项资产减少,一项负债减少

5. "应付账款"账户期初贷方余额为 16 000 元,本期借方发生额为 16 000 元,本期贷方发生额为 16 000 元,期末余额为(　　)。

A. 借方 32 000 元　　B. 贷方 16 000 元　　C. 借方 16 000 元　　D. 贷方 32 000 元

6. 在借贷记账法下,每个账户的期初余额均(　　)

A. 在借方　　B. 在贷方

C. 只能在账户的一方　　D. 与第一笔业务方向相同

7. 企业在经营过程中,存货成本是按(　　)计算的。

A. 市场价格　　B. 实际成本价格　　C. 销售价格　　D. 最低价格

8. "累计折旧"是(　　)类账户。

A. 收入　　B. 费用　　C. 资产　　D. 负债

9. 下列账户中,期末结转到"本年利润"账户借方的是(　　)

A. "营业外收入"　　B. "利润分配"　　C. "制造费用"　　D. "管理费用"

10. 下列各项中,构成产品生产成本的费用是(　　)

A. 管理费用　　B. 财务费用　　C. 销售费用　　D. 制造费用

11. 在实际工作中,中小型企业或其他一些单位,为了简化核算,可以采用一种统一格式的

(　　)。

A. 收款凭证　　B. 付款凭证　　C. 通用记账凭证　　D. 转账凭证

12. 企业出纳人员付出货币资金的依据是(　　)。

A. 原始凭证　　B. 收款凭证　　C. 付款凭证　　D. 转账凭证

13. 账簿按(　　)的不同,可以分为订本账、活页账和卡片账。

A. 用途　　B. 外表形式　　C. 性质　　D. 填制方式

14. “制造费用”“管理费用”明细分类账一般采用的账簿格式是(　　)。

A. 多栏式　　B. 三栏式　　C. 数量金额式　　D. 横线登记式

15. 银行存款日记账与银行对账单核对属于(　　)。

A. 账账核对　　B. 账证核对　　C. 账实核对　　D. 账表核对

16. 科目汇总表的主要缺点是不能反映出(　　)

A. 借方发生额　　B. 贷方发生额

C. 借方和贷方发生额　　D. 科目对应关系

17. 不能定期登记总账的会计核算程序是(　　)。

A. 记账凭证核算程序　　B. 科目汇总表核算程序

C. 汇总记账凭证核算程序　　D. 以上三种

18. 记入总分类账户的金额是 50 000 元,记入所属明细分类账户的金额不可能是(　　)。

A. 50 000 元　　B. 20 000 元和 20 000 元

C. 20 000 元和 30 000 元　　D. 10 000 元和 40 000 元

19. 下列各项中,可计入材料采购成本的是(　　)。

A. 采购人员工资　　B. 采购人员福利费

C. 应缴纳的增值税(进项税额)　　D. 材料采购的运输费用

20. 发生(　　)的情况,企业发生亏损。

A. 收入大于成本　　B. 收入小于费用

C. 收入等于费用　　D. 费用小于收入

21. 企业向银行借款购买固定资产,表现为(　　)。

A. 一项资产增加,另一项资产减少　　B. 一项资产增加,另一项负债增加

C. 一项资产减少,另一项负债增加　　D. 一项资产减少,另一项负债减少

22. 某企业年初资产总额为 126 000 元,负债总额为 48 000 元。本年度取得收入共计 89 000 元,发生费用共计 93 000 元,期末负债总额为 50 000 元,则该企业年末资产总额为(　　)元。

A. 124 000　　B. 122 000　　C. 128 000　　D. 131 000

23. 记账凭证账务处理程序不适用于(　　)。

A. 小型企业　　B. 大型批零兼营商业企业

C. 机关　　D. 事业单位

24. 需要结计本年累计发生额的账户,结计“过次页”的合计数为(　　)。

A. 自年初起至本日止累计数　　B. 自年初起至本页末止累计数

C. 自月初起至本页末止累计数　　D. 自本页初起至本年末止累计数

25. 在一定时期内连续记录若干项同类经济业务的会计凭证是(　　)。

A. 原始凭证　　B. 原始凭证汇总表

C. 累计凭证　　D. 一次凭证

26. 下列支出中,属于资本性支出(形成固定资产的支出)的是(　　)。

A. 支付生产工人工资　　B. 购买固定资产

C. 为地震抗震救灾捐款 500 万元　　D. 支付设备一般修理费

27. 在借贷记账法下,余额试算平衡的理论依据是(　　)。

A. 借贷记账法的记账规则　　B. 账户的对应关系

C. 账户的结构　　D. 资产与权益的恒等关系

28. 下列不能作为记账依据的是(　　)。

A. 发料单　　B. 住宿费发票

C. 实存账存对比表　　D. 购料合同

29. 下列做法中,符合《会计基础工作规范》规定的是(　　)。

A. 原始凭证不得涂改、挖补

B. 外来原始凭证金额错误,可在原始凭证上更正但需签名或盖章

C. 凡是账簿记录金额错误,都可以采用划线更正法予以更正

D. 自制原始凭证无须经办人签名或盖章

30. 对于发生自然灾害或贪污盗窃受损的财产物资进行财产清查,通常采用(　　)。

A. 定期清查　　B. 不定期清查　　C. 集中清查　　D. 分散清查

二、多项选择题(本题共 10 题,每小题 1 分,共 10 分)

1. 下列项目中,属于会计核算方法的有(　　)。

A. 复式记账　　B. 财产清查　　C. 编制财务报表　　D. 会计分析

2. 下列项目中,应计入产品生产成本的有(　　)。

A. 直接材料　　B. 管理费用　　C. 财务费用　　D. 直接人工

3. 企业取得下列业务收入,属于“其他业务收入”的有(　　)。

A. 技术转让　　B. 材料销售　　C. 提供劳务　　D. 固定资产出租

4. 下列各项中,属于原始凭证的有(　　)。

A. 发票　　B. 领料单　　C. 工资结算表　　D. 销货合同

5. 编制财务报表的一般要求包括(　　)。

A. 数字真实　　B. 计算准确　　C. 内容完整　　D. 报送及时

6. 下列各项中,符合借贷记账法记账规则的有(　　)。

A. 银行存款增加,实收资本减少　　B. 应付票据增加,应付账款减少

C. 资本公积增加,应付账款减少　　D. 应交税费增加,原材料减少

7. 记账凭证具有的基本内容包括(　　)。

A. 填制凭证的日期和凭证的编号

B. 会计科目的名称、记账方向和金额

C. 所附原始凭证的张数

D. 制证、复核、会计主管、出纳、记账等有关人员的签章

8. 应进行全面财产清查的情况包括(　　)。

A. 更换出纳人员或仓库保管员时　　B. 年终结账前、更换单位主要负责人时

C. 改变隶属关系、进行股份制改革时　　D. 开展资产评估、清产核资时

9. 下列表述中,不正确的有(　　)。

A. 明细账根据明细分类科目设置

B. 总账的余额不一定等于其所属明细账的余额的合计数

C. 所有资产类总账的余额合计数应等于所有负债类总账的余额合计数

D. 现金日记账实质上就是库存现金的总账

10. 下列各项中,可以简化登记总账工作量的会计核算组织程序有(　　)。

A. 记账凭证核算组织程序　　B. 日记总账核算组织程序

C. 科目汇总表核算组织程序　　D. 汇总记账凭证核算组织程序

三、判断题(对的划√,错的划×,本题共 10 题,每小题 1 分,共 10 分)

1. 会计是以货币为唯一计量单位,采用专门的方法,对各单位的经济活动进行核算和监督的一种管理活动。(　　)

2. 采用借贷记账法时,借方登记增加数还是减少数要根据发生的经济业务来确定。(　　)

3. 在借贷记账法下,可设置双重性质账户。(　　)

4. 企业会计人员收到手续不完备、数字计算不正确的原始凭证,应及时在原始凭证上予以纠正。(　　)

5. 对账包括日常核对和定期核对两方面。日常核对可随时进行;定期核对一般在月末、季末、年末结账之后进行。

6. 会计核算程序不同,现金日记账、银行存款日记账登记的依据不同。(　　)

7. 盘盈盘亏报告表是调整账簿记录的原始凭证。(　　)

8. 会计人员对不真实、不合法的原始凭证予以退回补充,更正后再报销入账。(　　)

9. 填制会计凭证时,所有以“元”为单位的阿拉伯数字,除单价一律应填写到角、分,有角无分的,分位应当写“0”或用符号“—”代替。(　　)

10. “税金及附加”账户属于损益类账户,用来核算企业销售过程中,应交纳的各种税金及附加,包括消费税、增值税、教育费附加等。(　　)

四、技能题(本题共 2 题,每小题 10 分,共 20 分)

1. 填制会计凭证

1) 业务资料

2019 年 6 月 15 日,广东芬尼服饰有限公司向广东新奇布业有限公司购买棉布 1 000 米,亚麻 1 600 米,款项已付,材料已验收入库。

广东增值税专用发票

4401281287　　　　No 432363041

发票联

开票日期：2019年06月15日

购货单位	名　称：广东芬尼服饰有限公司 纳税人识别号：440162256268024 地址、电话：中山市沙溪建设路289号 76327586 开户行及账号：中山市工行沙溪支行 61682674052				密码区	（略）	
货物或应税劳务、服务名称	规格型号	单位	数量	单价	金　额	税率	税　额
棉布		米	1 000	13.00	13 000.00	13%	1 690.00
亚麻		米	1 600	15.00	24 000.00	13%	3 120.00
合　计					¥37 000.00		¥4 810.00
价税合计（大写）	⊗肆万壹仟捌佰壹拾圆整						（小写）¥41 810.00
销货单位	名　称：广东新奇布业有限公司 纳税人识别号：440101568268026 地址、电话：广州市工业大道62号 56672584 开户行及账号：农行工业支行 11606313052				备注	广东新奇布业有限公司 440101568268026 发票专用章	

第三联：发票联　购货方记账凭证

收款人：张佳纯　　复核：李丽芬　　开票人：尚晓娜　　销货单位：（章）

2）训练要求

依据背景资料，签发转账支票，支付广东新奇布业有限公司材料款，并填制记账凭证。

中国工商银行支票存根（粤）

GS 02034041

附加信息

出票日期　年　月　日

收款人：

金　额：

用　途：

单位主管　　会计

中国工商银行支票（粤）　　GS 02034041

出票日期（大写）　年　月　日　　付款行名称：

收款人：　　出票人账号：

付款期限自出票之日起十天

人民币（大写）	千	百	十	万	千	百	十	元	角	分

用途

密码

行号

上列款项请从
我账户内支付
出票人签章

广东芬尼服饰有限公司财务专用章　　韩尼芬

复核　　记账

被背书人	被背书人	附加信息：
背书人签章 年　月　日	背书人签章 年　月　日	

（粘贴单处）

根据《中华人民共和国票据法》等法律法规的规定，签发空头支票由中国人民银行处以票面金额5%但不低于1 000元的罚款。

记 账 凭 证

年　月　日　　　　　　　　　　　　字第　号

<table>
<tr><td rowspan="2">摘　要</td><td rowspan="2">总账科目</td><td rowspan="2">明细科目</td><td colspan="10">借方金额</td><td colspan="10">贷方金额</td><td rowspan="2">账页或√</td></tr>
<tr><td>千</td><td>百</td><td>十</td><td>万</td><td>千</td><td>百</td><td>十</td><td>元</td><td>角</td><td>分</td><td>千</td><td>百</td><td>十</td><td>万</td><td>千</td><td>百</td><td>十</td><td>元</td><td>角</td><td>分</td></tr>
<tr><td></td><td></td><td></td><td></td><td></td><td></td><td></td><td></td><td></td><td></td><td></td><td></td><td></td><td></td><td></td><td></td><td></td><td></td><td></td><td></td><td></td><td></td><td></td><td></td></tr>
<tr><td></td><td></td><td></td><td></td><td></td><td></td><td></td><td></td><td></td><td></td><td></td><td></td><td></td><td></td><td></td><td></td><td></td><td></td><td></td><td></td><td></td><td></td><td></td><td></td></tr>
<tr><td></td><td></td><td></td><td></td><td></td><td></td><td></td><td></td><td></td><td></td><td></td><td></td><td></td><td></td><td></td><td></td><td></td><td></td><td></td><td></td><td></td><td></td><td></td><td></td></tr>
<tr><td></td><td></td><td></td><td></td><td></td><td></td><td></td><td></td><td></td><td></td><td></td><td></td><td></td><td></td><td></td><td></td><td></td><td></td><td></td><td></td><td></td><td></td><td></td><td></td></tr>
<tr><td></td><td></td><td></td><td></td><td></td><td></td><td></td><td></td><td></td><td></td><td></td><td></td><td></td><td></td><td></td><td></td><td></td><td></td><td></td><td></td><td></td><td></td><td></td><td></td></tr>
<tr><td colspan="2">附属单证　　　张</td><td>合　计</td><td></td><td></td><td></td><td></td><td></td><td></td><td></td><td></td><td></td><td></td><td></td><td></td><td></td><td></td><td></td><td></td><td></td><td></td><td></td><td></td><td></td></tr>
</table>

会计主管：　　　　　记账：　　　　　审核：　　　　　制单：

2. 编制资产负债表

1）背景资料

广东华美家居有限公司 2019 年 10 月 31 日总分类账户期末余额和相关明细分类账户期末余额如下所示。

总分类账户期末余额表

2019 年 10 月 31 日　　　　　　　　　　单位:元

账户名称	借方余额	账户名称	贷方余额
库存现金	24 000.00	短期借款	181 600.00
银行存款	722 028.00	应付账款	407 600.00
其他货币资金	114 600.00	应付票据	180 000.00
交易性金融资产	63 000.00	预收账款	10 000.00
应收票据	132 000.00	应付股利	64432.00
应收账款	490 000.00	应付职工薪酬	30 000.00
预付账款	10 000.00	应交税费	53 462.00
其他应收款	14 562.00	其他应付款	19 000.00
在途物资	47 623.00	坏账准备	2 500.00
原材料	286 000.00	累计折旧	347 500.00
周转材料	28 600.00	累计摊销	80 000.00
库存商品	472 000.00	长期借款	2 310 000.00
长期股权投资	70 000.00	实收资本	1 500 000.00
固定资产	4 262 000.00	资本公积	1 280 000.00
在建工程	556 000.00	盈余公积	750 292.00

（续表）

账户名称	借方余额	账户名称	贷方余额
工程物资	160 000.00	利润分配	436 027.00
无形资产	200 000.00		
合计	7 652 413.00	合计	7 652 413.00

有关明细分类账户期末余额表

2019 年 10 月 31 日　　单位：元

账户名称	借或贷	余额	账户名称	借或贷	余额
应收账款	借	490 000.00	应付账款	贷	407 600.00
——新华公司	贷	20 000.00	——西丽公司	贷	210 000.00
——河滨公司	借	300 000.00	——东环公司	借	30 000.00
——怡景公司	借	210 000.00	——梅江公司	贷	227 600.00
预收账款	贷	10 000.00	预付账款	借	10 000.00
——明光公司	贷	10 000.00	——芳村公司	借	10 000.00

2）训练要求

依据背景资料，编制广东华美家居有限公司 2019 年 10 月 31 日资产负债表。

资 产 负 债 表

编制单位：　　年　月　日　　单位：元

资产	期末余额	年初余额	负债和所有者权益	期末余额	年初余额
流动资产：			流动负债：		
货币资金			短期借款		
以公允价值计量且其变动计入当期损益的金融资产			以公允价值计量且其变动计入当期损益的金融负债		
应收票据			应付票据		
应收账款			应付账款		
预付款项			预收款项		
其他应收款			应付职工薪酬		
存货			应交税费		
一年内到期非流动资产			其他应付款		
其他流动资产			一年内到期非流动负债		
			其他流动负债		
流动资产合计			流动负债合计		

（续表）

资产	期末余额	年初余额	负债和所有者权益	期末余额	年初余额
非流动资产：			非流动负债：		
可供出售金融资产			长期借款		
持有至到期投资			应付债券		
长期应收款			长期应付款		
长期股权投资			预计负债		
投资性房地产			递延收益		
固定资产			递延所得税负债		
在建工程			其他非流动负债		
生产性生物资产			非流动负债合计		
无形资产			负债合计		
开发支出			所有者权益：		
商誉			实收资本（或股本）		
长期待摊费用			资本公积		
递延所得税资产			其他综合收益		
其他非流动资产			盈余公积		
			未分配利润		
非流动资产合计			所有者权益合计		
资产总计			负债和所有者权益总计		

企业盖章：　　单位负责人：　　财务负责人：　　制表：

综合训练二

一、单项选择题(本题共 30 题,每小题 2 分,共 60 分)

1. 明确(　　)是组织会计核算工作的首要前提,因为它界定了会计活动的空间范围和会计人员的责权范围。

A. 会计主体　　B. 持续经营　　C. 货币计量　　D. 会计分期

2. 我国《企业会计准则》规定,会计核算以人民币为记账本位币。业务收支以外币为主的企业,也可以选定某种外币作为记账本位币,但编制的会计报表应当(　　)来反映。

A. 任意外币　　B. 折算为某一特定外币

C. 折算为人民币　　D. 随意

3. (　　)是对会计信息最重要的质量要求。

A. 可靠性　　B. 相关性、可理解性、可比性

C. 实质重于形式　　D. 重要性、谨慎性和及时性

4. (　　)是会计核算工作的第一步。

A. 设置账户和复式记账　　B. 填制和审核会计凭证

C. 登记账簿　　D. 财产清查和成本计算

5. 引起资产内部一个项目增加,另一个项目减少,而资产总额不变的经济业务是(　　)。

A. 用银行存款偿还短期借款　　B. 收到投资者投入的机器一台

C. 收到外单位前欠货款　　D. 收到国家拨入特准储备物资

6. 经济业务发生后,(　　)会计等式的平衡关系。

A. 不会破坏　　B. 会破坏　　C. 有时破坏　　D. 根据情况

7. 描述资产、负债和所有者权益之间数量变化及其规律的表达式是(　　)

A. 账户的结构　　B. 会计等式　　C. 会计科目　　D. 会计要素

8. 下列项目中,属于会计科目的是(　　)。

A. 房屋建筑　　B. 库存现金　　C. 外商投资　　D. 没收罚款

9. 反映企业所有者投入资金的账户是(　　)。

A. "固定资产"　　B. "银行存款"　　C. "实收资本"　　D. "长期投资"

10. 记账凭证是根据(　　)编制的。

A. 经济业务　　B. 原始凭证

C. 账簿记录　　D. 审核无误的原始凭证

11. 限额领料单属于(　　)。

A. 一次凭证　　B. 汇总凭证　　C. 累计凭证　　D. 外来凭证

12. 单式记账凭证是指在一张凭证上(　　)的凭证。

A. 只填写一项经济业务　　B. 只填写一个会计科目

C. 只写一个金额　　D. 只填两个会计科目

13. 从银行提取现金,一般只应填制(　　)。

A. 收款凭证

B. 付款凭证

C. 转账凭证

D. 现金收款凭证和银行存款付款凭证各一张

14. 下列项目中,属于外来原始凭证的是(　　)。

A. 借款单　　B. 工资结算单

C. 限额领料单　　D. 购买材料的发票

15. 发料凭证汇总表属于(　　)。

A. 累计凭证　　B. 原始凭证汇总表

C. 记账凭证　　D. 记账凭证汇总表

16. (　　)是登记账簿的原始依据。

A. 记账凭证　　B. 原始凭证　　C. 付款凭证　　D. 转账凭证

17. 产品制造企业因采购材料而发生的装卸费用,支付时,应计入(　　)。

A. 产品生产成本　　B. 库存商品成本

C. 材料采购成本　　D. 产品销售成本

18. 在生产过程中,为生产某种产品而发生的各种耗费称为(　　)。

A. 产品成本　　B. 制造费用　　C. 直接费用　　D. 期间费用

19. 出售材料物资取得的收入应计入(　　)。

A. 产品销售收入　　B. 其他业务收入

C. 营业外收入　　D. 投资收益

20. 下列项目中,不构成材料采购实际成本的是(　　)。

A. 买价　　B. 采购费用　　C. 进口关税　　D. 增值税

21. 某企业"应付账款"账户期初贷方余额为 2 500 元,本期新增加的应付账款为 7 000 元。实际归还的应付账款为 4 000 元 ,则该账户期末余额为(　　)元。

A. 借方 7 000　　B. 贷方 7 000　　C. 借方 4 000　　D. 贷方 5 500

22. 汇总转账凭证是根据转账凭证按每个科目的贷方设置,按(　　)汇总,定期编制。

A. 借方　　B. 贷方　　C. 借方和贷方　　D. 借方或贷方

23. "累计折旧"账户对固定资产进行调整,反映固定资产的(　　)。

A. 增加价值　　B. 原始价值　　C. 折旧额　　D. 净值

24. 借记"主营业务成本"账户,贷记"库存商品",这笔会计分录反映的经济业务是(　　)。

A. 结转完工入库产品的生产成本　　B. 结转已销产品的生产成本

C. 冲销已销产品的生产成本　　D. 结转尚未完工产品的生产成本

25. 财产清查结果,经查明是因计量器具原因造成的盘亏,应作(　　)处理。

A. 待处理财产损失　　B. 营业外支出

C. 其他应收款　　D. 管理费用

26. 对于临时租用的机床应登记在(　　)。

A. 分类账　　B. 日记账　　C. 备查账　　D. 日记总账

27. 下列账簿中,可以采用卡片式账簿的是(　　)。

A. 现金日记账　　B. 原材料总账

C. 固定资产总账　　D. 固定资产明细账

28. 根据正确的记账凭证登记账簿时,误将300元记为800元,更正这种记账错误应采用(　　)。

A. 红字更正法　　B. 补充登记法

C. 划线更正法　　D. 任意一种更正错误的方法

29. 具有能避免账页散失,防止账页被抽换,比较严密安全的账簿是(　　)。

A. 订本式账簿　　B. 序时账簿

C. 活页式账簿　　D. 卡片式账簿

30. 企业结账的时间应为(　　)。

A. 每项经济业务终了时　　B. 一定时期终了时

C. 每天工作完了时　　D. 会计报表编制完成时

二、多项选择题(本题共10题,每小题1分,共10分)

1. 下列各项中,属于本企业资产范围的有(　　)。

A. 经营方式租入的设备　　B. 融资租入的设备

C. 企业的库存商品　　D. 经营方式租出的设备

2. 下列项目中,不应作为负债确认的有(　　)。

A. 因购买货物而暂欠外单位的货款

B. 按照购货合同约定以赊购方式购进货物的货款

C. 计划向银行借款100万元

D. 因经济纠纷导致的法院尚未判决且金额无法合理估计的赔偿

3. 反映企业财务状况的会计要素包括(　　)。

A. 资产　　B. 负债　　C. 费用　　D. 所有者权益

4. 下列各种会计处理方法中,体现谨慎性要求的有(　　)。

A. 固定资产采用加速折旧法计提折旧

B. 存货计提跌价准备

C. 长期股权投资采用成本法核算

D. 将融资租入固定资产视作企业自有资产核算

5. 下列账户中,属于资产类的账户有(　　)。

A. “预付账款”　　B. “预收账款”

C. “长期待摊费用”　　D. “制造费用”

6. 留存收益包括(　　)。

A. 实收资本　　B. 资本公积
C. 盈余公积　　D. 未分配利润

7. 下列项目中，属于所有者权益项目的有(　　)
A. 所有者投入的资本　　B. 直接计入所有者权益的利得和损失
C. 留存收益　　D. 应付股利

8. 会计核算的基本职能包括(　　)。
A. 记账　　B. 报账　　C. 核算　　D. 监督

9. 企业的期间费用包括(　　)。
A. 制造费用　　B. 管理费用
C. 财务费用　　D. 销售费用

10. 登记总分类账的依据有(　　)。
A. 记账凭证　　B. 汇总记账凭证
C. 科目汇总表　　D. 原始凭证

三、判断题(对的划√，错的划×，本题共10题，每小题1分，共10分)

1. 企业、事业单位的会计核算，均应以权责发生制为基础。(　　)
2. 会计处理方法应始终保持前后各期一致，不得有任何变更，这就是会计核算的一贯性原则。(　　)
3. 企业所有经济业务的发生都会引起会计恒等式两边发生增减变化。(　　)
4. "累计折旧"账户的余额表示累计已提取的折旧额，是"固定资产"账户的一个备抵账户。(　　)
5. "管理费用"账户的借方发生额应于期末采用一定的方法分配计入产品成本。(　　)
6. 流动资产是指变现期或耗用期在1年以内的资产。(　　)
7. 科目汇总表核算程序有利于进行试算平衡。(　　)
8. 资产负债表中的"期末数"栏，应根据有关账户的期末余额填列。(　　)
9. 复式记账是指把发生的每一项业务，都以相等的金额同时记入两个账户。(　　)
10. 会计核算的专门方法共三个，分别是填制和审核凭证、登记账簿和编制会计报表。(　　)

四、技能题(本题共2题，每小题10分，共20分)

1. 填制会计凭证

1）背景资料

2019年8月8日，广东芬尼服饰有限公司(开户行及账号：中山市工行沙溪支行61682674052)收到广东祥美服饰有限公司开具的转账支票，系支付前欠货款。

中国银行支票(粤) GS 03865436

出票日期(大写)贰零壹玖年 捌 月零捌日 付款行名称:中行沙溪支行

收款人:广东芬尼服饰有限公司 出票人账号:61722683058

付款期限自出票之日起十天

人民币(大写)	捌万陆仟伍佰柒拾元整	千	百	十	万	千	百	十	元	角	分
				¥	8	6	5	7	0	0	0

用途 支付货款

上列款项请从我账户内支付

出票人签章

广东祥美服饰有限公司财务专用章

李建祥

密码

行号

复核 记账

附加信息:	被背书人:	被背书人:
	背书人签章 年 月 日	背书人签章 年 月 日

2)训练要求

依据背景资料,进行转账支票的背书,并填制银行进账单和记账凭证。广东芬尼服饰有限公司预留在开户银行的签章为:广东芬尼服饰有限公司财务专用章、韩尼芬。

中国工商银行进账单 (回 单) 1

年 月 日

出票人	全 称		收款人	全 称	
	账 号			账 号	
	开户银行			开户银行	

金额	人民币(大写)	亿	千	百	十	万	千	百	十	元	角	分

票据种类		票据张数		
票据号码				
复核 记账				开户银行盖章

此联是开户银行交给持(出)票人的回单

记 账 凭 证

年 月 日　　　　字第 号

摘 要	总账科目	明细科目	借方金额										贷方金额										账页或√
			千	百	十	万	千	百	十	元	角	分	千	百	十	万	千	百	十	元	角	分	
附属单证　　张		合 计																					

会计主管：　　　　记账：　　　　审核：　　　　制单：

2. 编制利润表

1）背景资料

广东华美家居有限公司 2019 年 10 月份有关损益类账户发生额如下所示，该公司适用企业所得税税率为 25%。

损益类账户发生额表(结转到本年利润前)

2019 年 10 月　　　　单位:元

收入类账户	借方发生额	贷方发生额	费用类账户	借方发生额	贷方发生额
主营业务收入		721 400.00	主营业务成本	485 100.00	
其他业务收入		28 500.00	其他业务成本	16 250.00	
投资收益		12 000.00	税金及附加	5 990.00	
营业外收入		20 000.00	销售费用	20 000.00	
			管理费用	33 340.00	
			财务费用	2 800.00	
			营业外支出	30 000.00	
合计		782 900.00	合计	593 480.00	

2）训练要求

依据背景资料，编制广东华美家居有限公司 2019 年 10 月利润表。

利　润　表

编制单位：　　　　　　　　　　　　　年　月　　　　　　　　　　　　单位:元

项目	本期金额	上期金额
一、营业收入		
减:营业成本		
税金及附加		
销售费用		
管理费用		
研发费用		
财务费用		
其中:利息费用		
利息收入		
资产减值损失		
信用减值损失		
加:其他收益		
投资收益(损失以"一"号填列)		
公允价值变动收益(损失以"一"号填列)		
资产处置收益(损失以"一"号填列)		
二、营业利润(损失以"一"号填列)		
加:营业外收入		
减:营业外支出		
三、利润总额(亏损总额以"一"号填列)		
减:所得税费用		
四、净利润(净亏损以"一"号填列)		
(一) 持续经营净收益(净亏损以"一"号填列)		
(二) 终止经营净收益(净亏损以"一"号填列)		

企业盖章：　　　　　　单位负责人：　　　　　　财务负责人：　　　　　　制表：

主要参考文献

[1] 财政部会计资格评价中心.中级会计实务[M].北京:经济科学出版社,2019.3.

[2] 财政部会计资格评价中心.初级会计实务[M].北京:经济科学出版社,2018.11.

[3] 陈国辉,迟旭升.基础会计[M].3版.大连:东北财经大学出版社,2012.5.

[4] 罗绍明,罗明丽.新编企业财务会计实训[M].2版.上海:立信会计出版社,2018.6.

[5] 卢景.基础会计综合练习册[M].广州:广东高等教育出版社,2016.8.

[6] 黄洁洵.经济法基础[M].北京:北京科学技术出版社,2019.1.

[7] 刘忠.初级会计实务[M].北京:北京科学技术出版社,2019.1.

[8] 广州市中职地方教材建设委员会.会计基础[M].广州:广东科技出版社,2008.8.

[9] 广东省中职学校教材编写委员会.基础会计[M].广州:广东高等教育出版社,2009.8.